0～2
歳児編

幼稚園　保育所　認定こども園 対応

ワークで学ぶ

子どもの「育ち」をとらえる

保育記録の書き方

無藤 隆 監修　大方美香 編著

中央法規

監修のことば

　保育の質を上げていくには、保育の記録をとり、それを検討して保育を改善していくことが要となるとよく指摘されます。ただ実際には、どういう記録をとればよいのか、どのように検討すればよいのか、どのように改善につなげればよいのか、わからない人も多いでしょう。

　本書では、そこに踏み込んで、記録のとり方や検討の仕方が具体的にわかり、身につくようにしています。

　発達の個人差が大きい乳児の様子をまんがで示し、その場面についての担任の保育日誌が示されます。それに対して、記述で不足している点や気づいてほしい点が指摘されます。そして、その記述を保育所保育指針や幼稚園教育要領、幼保連携型認定こども園教育・保育要領の観点から記録し、分析します。そこから、領域の育ちや育みたい資質・能力が見えてくるというしかけです。

　さらにはそれがワークとなり、具体的な事例をもとに記録を書きます。領域や育みたい資質・能力の視点で分析し、子どもの育ちをとらえるところまでを経験します。

　記録については文例が載っているので、自分の書いたものと比べてみるとよいでしょう。記録にはこれが正しいという正解はありません。いろいろな書き方を知ることで、記録し、分析する力は高まっていくはずです。

　事例としてあがっているのは、架空の子どもの姿ではありますが、乳児期によく見られる場面です。記録し、分析する過程を経ることで、この時期ならではの子どもの学びと育ちが可視化されます。可視化されることで、保育をどう改善していったらよいかの検討にも進みやすいでしょう。

　本書が子ども理解につながり、保育の質の向上につながるよう祈念しています。

無藤　隆

はじめに

　本書は、保育者（実習生）が短時間で的確な記録を書き、日々の保育に役立てることを目指して作成しました。保育実践において、子どもの観察と記録は重要です。養成校では、実習課題の一つとなっています。

　保育者の専門性とは、その時々の子どもの活動（遊び）から瞬間に見抜く観察力とその対応力にあります。また、記録から指導計画につなげていくには、じっくりと記録を読み解く力も必要です。

　しかしながら、記録は持ち帰り仕事の一つとも言われています。働き方改革が必要と言われる中、記録のあり方は課題です。また、「何を記録に記載したらよいのかよくわからない」という声も聞かれます。

　記録の方法は、ドキュメンテーション、エピソードなど多様です。これでなければならないということはありません。大切なことは、子どもの活動（遊び）を通して、今何が育ちつつあるのかという過程に気づくという「子ども理解」にあります。保育者（実習生）が、記録を通して子どもの育ちや発達を理解してこそ、必要な環境構成や保育者の関わりへとつながっていきます。

　記録は、外から見える姿（例：積み木で遊んでいる）とともに、その活動（遊び）を通して子どもの内面に何が育っているかという気づきを書くことが重要です。０～２歳児の場合は、外から見える姿はささやかな活動であり、ほんの一瞬の出来事です。

本書に収蔵した事例を通して、個人または園内研修として役立てて
ください。記録がより具体的な子どもの姿へと近づき、あとで読み返
した時に、その場面が思い浮かぶような記録が書けるように願ってい
ます。

　記録は、書類である前にいきいきとした保育の臨床記録です。保育
者として子どもの目線に立ち、一人ひとりの子どもの気持ちに寄り添
うために、記録を活用してください。また、記録を通して自分や園の
課題を発見し、保育者として自分を成長させていただければと思いま
す。個々の保育者の資質や主観だけではなく、園内で子どもの見方を
議論し、記録や保育のチェックポイントなどを活用するとより効果的
です。

　記録から日々子どもが紡ぎだす物語を丁寧に読み解き、保育の奥深
さやおもしろさに気づいていただけますように祈念しています。

　本書は、多くの方々の協力により出版することができました。監修
いただきました白梅大学名誉教授無藤隆先生には深く感謝御礼申し上
げます。また、ご協力いただきました深井こども園の皆さま、そして
出版の機会を与えてくださった中央法規出版第一編集部の平林敦史氏
に感謝いたします。

大方美香

幼稚園・保育所・認定こども園対応
ワークで学ぶ 子どもの「育ち」をとらえる 保育記録の書き方 0〜2歳児編

序章 子どもの「育ち」をとらえる記録とは

第1章

場面で学ぶ記録とワーク 0歳児

contents

第2章

場面で学ぶ記録とワーク　1歳児

第3章

場面で学ぶ記録とワーク 2歳児

contents

資料

本書の特徴と使い方

特徴

○本書では、「たんぽぽこども園」という架空の園を設定し、年齢ごとに一人の子どもの姿を追いかけながら、記録の書き方を具体的に解説しています。

○年齢ごとに保育の場面を提示し、その子どもの担任になったつもりで記録を書いてみるワークを設定しています。

○年齢ごとに、5つの領域（0歳児は3つの視点）及び3つの資質・能力の視点でとらえた記録の文例を紹介しています。

使い方

① クラスの目標と計画をふまえたうえで、子どもの育ちをとらえることが大切です。記録の学びに入る前に、それぞれのクラスの年間目標と期のねらいを確認します。

② 次のページから場面を追って記録する子どもの基本情報です。

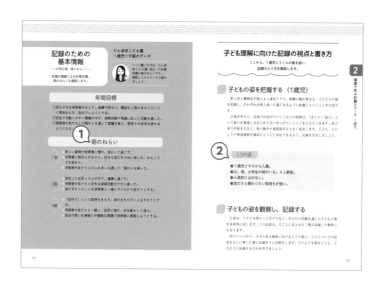

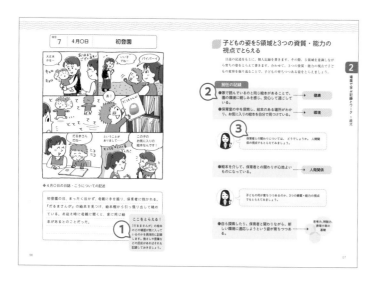

① 日誌の記述に対するアドバイスです。

② 日誌の記述をもとに書いた個人記録です。5領域（3つの視点）及び3つの資質・能力の視点で子どもの姿をとらえています。

③ 記録に対するコメントです。見直しのヒントにします。

子どもの育ちは、それぞれの領域ごとに育つのではなく複合的に育つものですが、ここでは各領域ごとに子どもの育ちをとらえて書く練習をします。

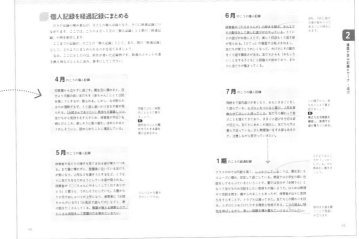

個人記録の積み重ねが個人記録及び期の経過記録になります。ここまでの記録がどのような個人記録と経過記録になるのか、その文例を紹介します。

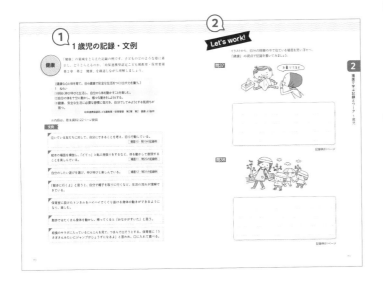

① 5領域（3つの視点）もしくは3つの資質・能力、それぞれでとらえた記録の文例です。場面ごとの問いの記録例も紹介しています。

② それぞれの領域でとらえて書く練習をします。巻末資料の「保育所保育指針」「幼保連携型認定こども園教育・保育要領」の各領域の「内容」を確認しながら書いてみましょう。

子どもの「育ち」を
とらえる記録とは

ワークに入る前に、保育における記録の意味と
書き方について学びましょう。

1 保育における記録の意味

保育においてなぜ記録が大切なのか。子どもの「育ち」をとらえる記録とは
どのような記録なのかについて解説します。

◆子ども一人ひとりの育ちをとらえる

保育者の専門性とは、子ども一人ひとりのよさや可能性を活かして保育し、乳幼児期にふさわしい子どもの育ちを保障していくことです。その子どもなりのペースやその子らしさに寄り添い、生活を通して子どもの育ちに必要な経験が得られるような環境をつくることが求められます。子ども一人ひとりの育ちを的確にとらえる必要があるのです。

今、子ども一人ひとりに何が育ちつつあるのかを把握し、必要な環境構成を予想し、準備するためには、継続して子どもを観察し、記録していく必要があります。保育の記録には、おもに日々の保育記録（日誌）、個人記録、経過記録、そして要録があります。日々の保育記録（日誌）には、その日、特に気になった保育の場面や心に残るエピソード場面、または「今日は特にこの活動時間を記録しよう」「この子どもの姿を記録しよう」といったように視点を定めながら観察した場面を書きます。日々子どもは変化し、記憶は薄れていきます。記録は一般的なことではなく、むしろ子どもの言動、行動、保育者の配慮や対応など、できるだけ具体的に記述しておくことが大切です。

この保育記録（日誌）が、個人記録を書く際の資料になります。個人記録を書く時は、日々の記録を改めて見直し、その記述をもとに、子どもが経験したことを5つの領域（0歳児は3つの視点）や3つの資質・能力の視点でとらえます。

5つの領域（「健康」「人間関係」「環境」「言葉」「表現」）、3つの視点（「健やかに伸び伸びと育つ」「身近な人と気持ちが通じ合う」「身近なものと関わり感性が育つ」）、3つの資質・能力（「思考力、判断力、表現力等の基礎」「知識及び技能の基礎」「学びに向かう力、人間性等」）は、保育所や幼稚園、認定こども園での教育目標や保育を見る際の視点で、指針・要録に示されています。それに基づいて書いた個人記録を積み重ね、経過を追って並べてみると、その子どもが育ちつつある姿が見えてきます。

本書では、子どもが育ちつつある姿を月ごとにまとめたものを個人記録、期ごとにまとめたものを経過記録として紹介しています。

「5つの領域（3つの視点）」「3つの資質・能力」と子ども理解

子どもの姿を5つの領域（3つの視点）、3つの資質・能力の視点でとらえることで、子ども理解が進みます。子どもの活動は5つの領域に関わって成り立ち、その活動の中で気づきできるようになることから資質・能力が育ちます。

具体的な場面から子どもを理解するためには、次の点からの観察・記録が必要です。記録をとる際に意識してみましょう。

❶ 活動・遊びの内容は？

❷ 子ども同士や保育者との関係性は？

❸ クラス（集団）として どんな経験をしている？

❹ 個人としてどんな経験をしている？

◆記録は、子ども理解を深め、保育の質を向上させる

　個人記録及び経過記録は、担任の子ども理解を深めるほか、記録をもとにほかの保育者と話し合ったり、情報共有するための資料になります。子ども理解には、子どもの育ちを多面的に見ていくことが大切です。記録をはさんで保育者間で話し合いの時間をもち、互いの見方や意見を知ることで、子ども理解が進みます。

　子ども理解には正解はありません。子どもを理解するということは、実際に子どもとふれあいながら、はじめは「○○ではないか」と仮説的にとらえ、継続して見ていく中で、次第に「思ったように○○だった」「いや、○○ではなくて××だった」などと深めていくものです。その意味では、主観的な見方になりがちです。

　だからこそ、記録を通しての省察やほかの保育者との話し合いを重ねることが大切であり、より客観視していく努力が求められます。それは、保育の質向上及び保育者自身の専門性を高める一助となります。

　もう一つ大切なことは、記録をもとに、その育ちを生み出してきた保育者の関わりを振り返ることです。記録は、保育者の自己評価のための大切な資料にもなります。

　子ども理解が進み、保育者の成長がもたらされることで、保育の質は向上します。

保育の質の向上につながる記録

| 記録を振り返る | → | 子ども理解が深まる | → | 保育者の専門性を高める | → | 保育の改善及び保育の質向上につながる | → | 指導計画や要録の作成等に活用できる |

◆要録を通して育ちをつなぐ

　保育における大切な記録の一つに、「要録」があります。要録は、3歳児以上（保育所は5歳児のみ）の子どもの1年間の保育（指導）の過程及び結果の概要を記録したものです。子ども一人ひとりについての保育（指導）の継続性をはかるために作成します。この本は0〜2歳児用ですが、記録は5歳児の「要録」までつながることを知っておいてください。

　要録は、子どもの中に「育ちつつある姿」をとらえ、それがどのような保育（指導）によるものなのかを含めて、次の指導者に伝えていくための記録です。

　この要録の作成には、過去の個人記録や経過記録が重要な役割を果たします。その子どもの現在の姿だけでなく、この姿に至るまでの姿を振り返ることで、より正確に子どもの育ちが伝わるからです。

　なお、要録は、小学校との円滑な接続を図る役割も担っています。そのため、5歳児について記入する際には、「幼児期の終わりまでに育ってほしい姿」を参考に記載するとよいでしょう。

　本書では、要録の書き方についてはとくにふれませんが、要録については、『幼稚園、保育所、認定こども園対応　事例で学ぶ「要録」の書き方ガイド』『幼稚園、保育所、認定こども園対応　子どもの育ちが見える　「要録」作成のポイント』（ともに中央法規出版）を参考にしてください。

幼児期の終わりまでに育ってほしい姿

健康な
心と体

自立心

協同性

道徳性・規範
意識の芽生え

社会生活との
関わり

思考力の
芽生え

自然との
関わり・生命
尊重

数量や図形、
標識や文字などへの
関心・感覚

言葉による
伝え合い

豊かな
感性と表現

2
子どもの育ちつつある姿を
とらえた記録の方法

保育記録（日誌）から、個人記録、そして経過記録にまとめていくまでを、
段階を追って解説します。

◆保育記録（日誌）を書く

保育記録（日誌）は、日々の保育実践の記録です。その日の活動を羅列するだけ
ではなく、特に気になった場面について、子どもの様子や保育者の対応、思いなど
を集団と個の両面から具体的に記述します。

子どもが活動を通して何を経験しているのかという「過程」が大切です。後から
考察できるよう、その場の状況や子どもの表情、言動を丁寧に観察して記録してお
きます。

観察のポイント

子どもの姿のココに注目します。

誰がどこで
何をしているのか

何を楽しんで
いるのか

身体の動き
はどうか

どのような
表情をしているか
何を話しているのか

その活動前後の
言葉や行為はどうか

保育者や友だちと、
どのように
関わっているか

記述のポイント

できるだけ具体的に書きます。

〈場面の例〉

● お気に入りの絵本を読んでいる

▷絵本のタイトルは?

▷よく見ているページは?

▷どこがどのように気に入っているのか?

● 園庭で友だちが遊んでいるのをジーッと見ている

▷仲間に入りたいけれど入れないのか?

▷見ていることを楽しんでいるのか?

▷保育者はどのように関わったのか?

▷子どもはどのように反応したのか?

● 子どもが急に泣き出した

▷泣く直前の状況は?

▷どのように泣いたのか?

▷どのように関わると、泣き止んだのか?

◆保育記録（日誌）から、子どもの育ちをとらえる

保育記録（日誌）の記述から、一人ひとりの子どもがその場面において「何を楽しんでいるのか」「何に気づいたのか」「何ができるようになってきたのか」「どのような葛藤をしているのか」などを、5つの領域（3つの視点）のねらいや3つの資質・能力の視点でとらえ、その活動を通してどのような経験をしているのかという過程を読みとります。

その際、指導計画（月案）をふまえ、子どもに何を経験してほしかったのか、一人ひとりにとってどのような過程であったのか、何が「育ちつつあるのか」を考えます。同時に、子どもの年齢ごとの発達の特徴をふまえてとらえることが大切です。年齢ごとの発達の特徴と記録のポイントについては、22〜24ページで紹介しています。

なお、ここで注意したいのは、子どもの経験は、5つの領域（3つの視点）や3つの資質・能力それぞれ単独の経験ではなく、重なり合い複合的なものだということです。例えば、砂場で一人遊びを楽しんでいる子どもは、砂山作りに没頭している「健康」面での経験、砂の感触を味わう「環境」面での経験、ほかの経験も同時にしています。

5つの領域（3つの視点）と3つの資質・能力

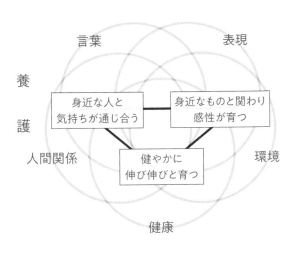

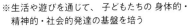

※生活や遊びを通じて、子どもたちの 身体的・精神的・社会的発達の基盤を培う

出典：保育所保育指針の改定に関する議論のとりまとめ（社会保障審議会児童部会保育専門委員会）

◆子どもの「育ち」をとらえ、個人記録を書く

月ごとの保育記録（日誌）から、子どもの記述を抜粋し、並べてみます。そのうえで、それぞれの子どもが経験していることを5つの領域（3つの視点）や3つの資質・能力の視点でとらえます。

例えば、ある1歳児の月の前半の記録に「ひとり遊びを好みつつ、友だちと一緒にいることはうれしそうである」との記載があるとしましょう。この様子から、1歳以上3歳未満児の保育に関わるねらい及び内容の「人間関係」のうち「身近な人と関わる心地よさを感じる」姿を見てとれます。

後半の記録には「友だちと遊びたいそぶりを見せている」との記載があるとしましょう。この様子からは「周囲の園児等への興味・関心が高まり、関わりをもとうとする」育ちを見てとることができます。

もちろん、子どもの育ちは行きつ戻りつで、月の前半にできていたことが、後半にはできていないこともあります。それも含めて「子どもの育ちつつある姿」ととらえます。子ども一人ひとりのその月の育ちを、個人記録としてまとめましょう。

◆個人記録を積み重ね、経過記録としてまとめる

月ごとの個人記録をもとに、少し長い期間で経過記録をまとめてみると、子どもの育ちの変化がわかります。

長い期間でとらえることで、子どもの育ちつつある姿がわかり、今後の保育の計画に活かすことができます。また、その子どもの育ちを支援するために、今後どのように保育者が関わっていけばよいかを考える材料になります。

ここでも、5つの領域（3つの視点）や3つの資質・能力の視点を大切にします。5歳児の場合は、「幼児期の終わりまでに育ってほしい姿」も意識するとよいでしょう。

経過記録をまとめる時に意識すること

4月当初と比較して、子どもなりの育ちつつある姿をとらえる

子どものよさと、今後伸びてほしいことをとらえる

家族状況や生活背景も考慮する

◆経過記録の先に要録がある

期ごとの経過記録を並べることで、年間の子どもの育ちが見えてきます。この本は0〜2歳児編ですが、いずれ、この記録は、要録につながります。保育記録（日誌）→個人記録→経過記録へと記録は積み重なっており、要録は日々の保育と切り離されたものではなく、日々の保育の延長線上にあることがわかります。

要録は、一人ひとりの子どもの園での生活や遊び、その中で育まれた子どもの資質・能力を適切に小学校や次年度の担任に引き継ぐために大切です。

とくに5歳児の要録は、小学校の先生に子どもを理解してもらい、小学校生活にスムーズに移行するために重要なものです。小学校の先生が理解しやすい「幼児期の終わりまでに育ってほしい姿」を活用しながら、子どもの育ちを伝えていきましょう。

保育の記録の流れ

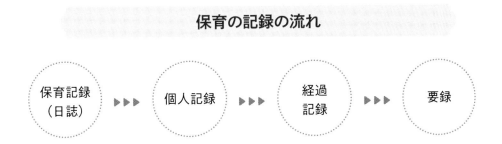

保育記録（日誌）　▶▶▶　個人記録　▶▶▶　経過記録　▶▶▶　要録

Column 年齢ごとの発達の特徴と記録のポイント

0歳児

　0歳児の発達は、視覚、聴覚などの感覚や、座る、はう、歩くなどの運動機能が著しく発達すること、特定の大人との応答的な関わりを通して情緒的な絆が形成されることが特徴です。(参考：幼保連携型こども園教育・保育要領　第2章　第1　基本的事項)

　これらの特徴をふまえ、0歳児保育では、園と家庭とが緊密に連絡をとり合いながら進めることが求められます。家庭と園の生活文化の違いを把握し、うまくつながるようにすり合わせていく必要があります。

　何よりも大切にしたいのは、子どもが心地よく過ごせるようにすること、保育者など大人と情動のある関係をつくっていくことです。それによって情緒が安定し、大人に依存しながらも自立に向かっていく素地ができます。0歳児であっても、その子なりに生きようとする姿があるので、尊重しつつ関わっていきます。

　例えば、目の前のものを取りたくて、一生懸命手を伸ばしている時に、どうしますか。さっと取ってあげてしまうのでもなく、ダメよと取り上げてしまうのでもなく、その子自身がやろうとしていることをまずは見守っていくべきなのです。

　0歳児では個人ごとに指導計画を立てますが、月齢だけでなく何か月で入園してくるかによっても発達段階は異なります。それぞれの特性や発達段階に合わせて保育を行う必要があります。その子の表情や出す言葉、身体の動きから、今何が育ちつつある時期なのかを見極め、丁寧に記録することで、一人ひとりの育ちを支えていきましょう。

1歳児

　1歳児は基本的な運動機能が次第に発達し、直立歩行ができるようになることが一つの大きなターニングポイントになります。指先の機能も発達するほか、言葉の理解が進み、自分の意思や欲求を言葉で表出できるようになります。自我が芽生える時期でもあります。(参考：幼保連携型こども園教育・保育要領　第2章　第2　基本的事項)

　0歳児クラスから入園している継続児と新入園児が混じる1歳児保育では、それぞれの異なる育ちを大切にしながらの関わりが求められます。

　「ぼくの」「わたしの」という主張が始まり、わがままを言うようになったと感じることもありますが、それこそが1歳児の育ちです。

　発達上、必要なことととらえ、自分なりの思いが芽生えてきたことを尊重し、折り合いのつけ方を伝えていくことが大切です。

2歳児

　2歳児の発達は、語彙が急速に増え、自分の意思や欲求を言葉で表せるようになること、指先の機能が発達し、食事や衣服の着脱なども大人の援助のもとに行えるようになることが大きな特徴です。また、友だちとの関わりが増え、そのぶんトラブルや葛藤も増えます。（参考：幼保連携型こども園教育・保育要領　第2章　第2　基本的事項）

　2歳児保育では、子どもが自分の好きな遊びを見つけ、探求していくことができるような環境構成が求められます。2歳児ならではの創造性を大切にしながら、自由に伸び伸びと自分を表現できるように見守り支えていくことが大切です。

　「自分で！」という言葉に象徴されるように、うまくできないことでも「自分でやりたい」という意欲が育つ時期でもあります。先取りしてやってしまうのではなく、時間はかかっても自分で挑戦できるよう見守るゆとりをもちましょう。その過程を丁寧に記録していくことで、今、子どもが何を獲得しようとしているのかがわかるはずです。

◆記録を園内研修に活かす

　保育の質を向上させるための研修に、記録を活用してみましょう。記録を共有することで、子ども一人ひとりへの理解が深まり、子どもの育ちつつある姿を担任同士で見通しをもつことができます。さらに、園としての保育方針を改めて見直すこともできるでしょう。

　例えば、一つの保育の活動場面を題材に、そこに見られるそれぞれの子どもの育ちつつある姿を、互いに出し合ってみます。実際の場面でなくとも、本書の第1章から第3章にある架空の子どもを題材にした場面を用いて、「ここで子どもは何を経験しているのか」「この時の子どもの気持ちはどうなのか」を想像して記録し、それを持ち寄って話し合ってみてもよいでしょう。

　本書のワークは各自で行い、研修時に発表し、保育者の多様な見方、考え方、また一人ひとりの子どものとらえ方を学びます。本書の事例は実在の子どもではないだけに、自由に想像して書くことができます。様々な場面をとらえて記録してみることで、実際の子どもの姿を幅広い視点でとらえることができるようになります。

　また、いろいろな子どもの姿を記録にまとめる研修は、実際に記録を書く時の役に立つことでしょう。

第1章

場面で学ぶ
記録とワーク
0歳児

0歳児クラスの子どもの姿を追いながら、
記録の書き方を解説します。
保育者との関係づくりが大切な0歳児の子どもの育ちは、
どのように書けばよいのでしょう。
ワークをしながら学んでいきます。

記録のための基本情報

――年間目標・期のねらい――

記録の基礎となる年間目標、期のねらいを確認します。

たんぽぽこども園
0歳児ひよこ組のデータ

ここに書いたのは、たんぽぽこども園（架空）の年間目標と期のねらいです。確認してからワークに進みましょう。

年間目標

◎一人ひとりに合った生活リズムを大切にし、生理的欲求を満たし、生命を保持する。

◎一人ひとりの子どもが安心感をもって過ごし、自分の気持ちを素直に表現する。

◎周囲から主体として受け止められ大切にされる経験から、人への信頼感を育む。

期のねらい

1期
● 新しい環境に慣れ、安心して過ごせるようになる。
● 保育者に慣れ、親しみをもてるようになる。
● 気に入ったおもちゃを見つけて関わろうとする。

2期
● 保育者に要求や欲求を受け入れてもらいながら、愛着をもつ。
● 気に入ったおもちゃを見つけ、くり返し遊ぶことを楽しむ。
● 様々なものに触れながら、それぞれの感触に気づく。

3期
● 一日の生活の流れがわかり、見通しをもって主体的に過ごす。
● 保育者や友だちと気持ちのやりとりを楽しむ。
● 興味のあるものを見つけたり身近なものにふれたりして、好奇心を満たしながら遊ぶ。

子ども理解に向けた記録の視点と書き方

ここから、0歳児のけんくんの姿を追い、
その記録のとり方を解説します。

子どもの姿を把握する（0歳児）

　0歳児で大切なのは、家庭との緊密な連携による子ども理解です。家庭の生活リズムや生活文化、関わり方を丁寧に聞きとり、園の生活とすり合わせながら、把握していきます。

　子どもによって発達の差が大きい時期なので、一人ひとりの特性に合わせた保育を行うために記録を活用します。子どもの表情や言葉、身体の動きなどを観察し、今、何が育ちつつある時期なのかを見極めましょう。記録を書きながら適切な保育者の関わりや対応ができるようにしましょう。

けんの姿

- ●8か月で入園。
- ●家族は父、母。一人っ子。
- ●人見知りが強い。
- ●父、母ともに会社員で、残業が多い。

子どもの姿を観察し、記録する

　日誌は、クラス全体のことだけでなく、その日の活動を通した子どもの姿を具体的に記します。この記述は、月ごとにまとめる「個人記録」の資料にもなります。

　次のページから、4月のある場面におけるけんの姿と、けんについての記述をもとに書いた個人記録を3日分紹介します。どのような姿をとらえ、どのように記録するのかを学びましょう。

場面		
1	4月〇日	登園

◆4月〇日の日誌・けんについての記述

登園時、保護者が保育室にけんを連れてきたが、健康状態の確認が終わると大泣きする。おもちゃを手に持たせても、「いないいないばあ」をしても泣き止まない。しばらくの間、保育者が抱っこして過ごす。食事、排泄など、できるだけ同じ保育者が担当しながら、様子を見守ることにする。

ここをとらえる！
けんの気持ちが落ち着く好きなもの（おもちゃ）、心地よいと感じる関わり方は何でしょう。観察して記録しましょう。

子どもの姿を3つの視点と3つの資質・能力の視点でとらえる

　日誌の記述をもとに、個人記録を書きます。その際、3つの視点を意識しながら育ちつつある子どもの姿をとらえましょう。合わせて、3つの資質・能力の視点で子どもの活動過程を振り返ることで、子ども理解につなげましょう。

担任の記録

- 初めて来た時から人見知りが激しく、保護者から離れて保育者に抱かれるのを嫌がる。　⋯⋯⋯▶ **身近な人と気持ちが通じ合う**

- 慣れない環境に残される不安な気持ちを、大声で泣くことで表現している。　⋯⋯⋯▶ **身近なものと関わり感性が育つ**

けんの言動のいいところ、ほめるところをとらえてみましょう。

- 健康状態の確認が終わると保護者に置いていかれるという生活の流れが理解できている。　⋯⋯⋯▶ **健やかに伸び伸びと育つ**

子どもの何が育ちつつあるのか、3つの資質・能力の視点でもとらえてみましょう。

- 園が安心できる場となり、園での生活が心地よいものになりつつある。　⋯⋯⋯⋯▶ 学びに向かう力、人間性等

<table>
<tr><td>場面
2</td><td>4月×日</td><td>自由遊び</td></tr>
</table>

◆4月×日の日誌・けんについての記述

保育者のひざの上から、保育者の隣、床の上に座ってと、段階的に離れていくように試みる。今日は初めて保育者の隣で泣かずに過ごし、友だちの遊んでいる様子をじっと見ている。

ここをとらえる！
「友だちの遊んでいる様子」とは何でしょう。具体的な内容や何に興味をもったのかを観察して記録しましょう。

子どもの姿を3つの視点と3つの資質・能力の視点でとらえる

担任の記録

● 信頼できる保育者の隣にいることで、安心感を得ている。　........▶ **身近な人と 気持ちが通じ合う**

気になることは記録しやすいのですが、よい変化についても注目します。　この場面でけんは何を楽しんでいるのでしょう。

● 保育室にあるものや時間の流れ、クラスの雰囲気に適応し、慣れて落ち着いて過ごしている。

● まわりの子どもに気づき、けんなりに楽しむようになっている。

........▶ **健やかに 伸び伸びと育つ**

子どもの何が育ちつつあるのか、3つの資質・能力の視点でもとらえてみましょう。

● 特定の保育者の関わり方に心地よさを感じ、適応する姿が育ちつつある。

● 友だちの存在に気づく姿が育ちつつある。

............▶ **学びに 向かう力、 人間性等**

◆ 4月△日の日誌・けんについての記述

絵本が好きで、保育者に読み聞かせをせがむ。読み聞かせをしていて、同じクラスの友だちがそばに来るとあわてて離れて、保育者の後ろに隠れてしまう。

ここをとらえる！

何の絵本か、お気に入りの場面はどのページか、具体的に記録しましょう。また、絵本を見るときの身体の動きや発語にも注目しましょう。他児との関係も重要です。

子どもの姿を3つの視点と3つの資質・能力の視点でとらえる

担任の記録

● 少しずつ園生活に慣れ、好きなものが選
　べるようになってきている。 ‥‥‥▶ 　健やかに
　　　　　　　　　　　　　　　　　　伸び伸びと育つ

● 友だちの存在を意識しているが、自分か
　ら関わろうとはしない。 ‥‥‥▶ 　身近な人と
　　　　　　　　　　　　　　気持ちが通じ合う

絵本を読んでもらっている時のけんの反応にも注目してみ
ましょう。

● 主人公のくまの絵を指さし、「あ、あ」
　と声を出して喜ぶ姿がある。 ‥‥‥▶ 　身近なものと
　　　　　　　　　　　　　　　関わり感性が育つ

子どもの何が育ちつつあるのか、3つの資質・能力の視点
でもとらえてみましょう。

● お気に入りの絵本ができ、読んでほしい
　保育者も特定の者となる。読んでもらう
　ことに、声を出してうれしさを表現する
　姿が育ちつつある。 ‥‥‥▶ 思考力、判断力、
　　　　　　　　　　　　　表現力等の
　　　　　　　　　　　　　基礎

<table>
<tr><td>場面
4</td><td>5月○日</td><td>友だちとの関わり</td></tr>
</table>

◆ 5月○日の日誌・けんについての記述

保育者の隣に座って、機嫌よくおもちゃで遊んでいる。友だちが近寄ってくると、少し体をかたくする。友だちがおもちゃを手渡すと、受け取るが、そのままポトンと床に落とす。

ここをとらえる！

どんなおもちゃで、どのように操作して遊んでいるのかという過程を記録しましょう。また、近寄ってきた友だちは、どんなタイプの子どもでしょう。

Let's work!

5月○日の姿と日誌から、3つの視点と3つの資質・能力の視点で
けんをとらえ、記録してみましょう。

問1 健やかに伸び伸びと育つ視点でとらえて書いてみましょう。

記録例44ページ

問2 身近な人と気持ちが通じ合う視点でとらえて書いてみましょう。

記録例46ページ

問3 身近なものと関わり感性が育つ視点でとらえて書いてみましょう。

記録例48ページ

問4 3つの資質・能力（「思考力、判断力、表現力等の基礎」「知識及び技能の基礎」「学びに
向かう力、人間性等」）のいずれかの視点でとらえて書いてみましょう。

記録例50ページ

場面 5	6月×日	延長保育

◆6月×日の日誌・けんについての記述

保護者の勤務の都合で、夕方7時まで保育時間が延長されることになった。6時以降は、1歳児の保育室へ移動する。今日が初日だったが、担当が一緒に移動することで、何とか泣かずに落ち着いて過ごす。見慣れない保育室で、きょろきょろとまわりを観察している。

ここをとらえる！

1歳児の保育室には初めて行ったのでしょうか。保育者がどのように関わったら落ち着いたのかについて、具体的に記録しましょう。

Let's work!

6月×日の姿と日誌から、3つの視点と3つの資質・能力の視点でけんをとらえ、記録してみましょう。

問5 健やかに伸び伸びと育つ視点でとらえて書いてみましょう。

記録例44ページ

問6 身近な人と気持ちが通じ合う視点でとらえて書いてみましょう。

記録例46ページ

問7 身近なものと関わり感性が育つ視点でとらえて書いてみましょう。

記録例48ページ

問8 3つの資質・能力（「思考力、判断力、表現力等の基礎」「知識及び技能の基礎」「学びに向かう力、人間性等」）のいずれかの視点でとらえて書いてみましょう。

記録例50ページ

場面		
6	7月△日	**ふれあい遊び**

◆ 7月△日の日誌・けんについての記述

一人で遊んでいる時、ほかの友だちが近づいてくると離れて、違う場所に移動する。保育者と手をつないでにこにこしながらふれあい遊びを楽しむ姿が見られる。保育者は友だちにも加わってもらい、子ども同士で手をつながせてみるが、けんは嫌がって手を振りほどく。

ここをとらえる！

ふれあい遊びでの反応はどうだったのでしょうか。表情や手のつなぎ方にも注目しましょう。「ほかの友だち」とは、どのようなタイプの子どもでしょう。

Let's work!

7月△日の姿と日誌から、3つの視点と3つの資質・能力の視点で
けんをとらえ、記録してみましょう。

問9 健やかに伸び伸びと育つ**視点でとらえて書いてみましょう。**

記録例44ページ

問10 身近な人と気持ちが通じ合う**視点でとらえて書いてみましょう。**

記録例46ページ

問11 身近なものと関わり感性が育つ**視点でとらえて書いてみましょう。**

記録例48ページ

問12 3つの資質・能力（「思考力、判断力、表現力等の基礎」「知識及び技能の基礎」「学びに
向かう力、人間性等」）のいずれかの**視点でとらえて書いてみましょう。**

記録例50ページ

個人記録を経過記録にまとめる

　日々の記録の積み重ねが、月ごとの個人記録となり、さらに経過記録につながります。ここでは、けんの4月〜7月の「個人記録」と1期の「経過記録」の例を紹介します。

　ここまでの記録が、月ごとの「個人記録」として、また、期の「経過記録」として、どのようにまとめられるのかを見てみましょう。

　なお、ここに示したのは、担任が書いた記録例です。指導のコメントや書き換え例などとともに読み、参考にしてください。

4月 のけんの個人記録

入園当初から人見知りが激しく、登園時、なかなか保護者から離れられない姿があった。特定の保育者が継続して関わることで、次第に園生活に慣れ、まわりを観察したり友だちに関心を示したりする余裕が出てきている。

もう少し具体的にします。
例
見まわしたり、物に触れようとしたり、

5月 のけんの個人記録

登園時はスムーズに保護者と離れられるようになり、園生活に慣れてきた。保育者がそばにいれば、安心して機嫌よく遊ぶ姿がある。お気に入りの絵本やおもちゃがあり、集中して遊べる。友だちの存在に関心を示す姿が育ちつつある。一緒に何かをする姿はまだ見られない。

絵本のタイトル、どのようなおもちゃかを具体的に書くとよいでしょう。

何を楽しんでいるのか書きましょう。

活動を通して何に気づいたり、試したりしているのでしょうか。

6月 のけんの個人記録

保護者の仕事が忙しくなり、今月から延長保育が始まった。環境の変化によってけんの気持ちが不安定になることを心配したが、特定の保育者がそばにいることで落ち着いて過ごせた。新しい環境に興味を示し、保育者のそばを離れておもちゃ棚を見に行くなど、積極的な姿を見せている。

おもちゃ棚に何を見にいくのかまで書きます。

子どもの変化した姿がよくわかる表現です。

7月 のけんの個人記録

砂場で、手で砂を握っては開き、砂がさらさら落ちる様子を見て楽しんでいる。一人遊びをしている時は落ち着いているが、友だちがそばに近づくと遊びをやめて離れてしまう。ふれあい遊びなどを通して、友だちとふれあう経験をさせてみるが、嫌がる。園庭散策を通して、友だちが遊ぶ姿を遠巻きに見せることで、少しずつ警戒心を解いていく。

具体的でイメージしやすく、よいですね。

1期 のけんの経過記録

入園当初は人見知りが激しかったが、特定の保育者との愛着形成とともに園生活に慣れ、生活リズムも整いつつある。好きなおもちゃ、好きな絵本ができ、一人遊びを中心に落ち着いて過ごしている。物事を見て理解しようとする姿が育ちつつある。環境の変化には敏感で、新しい場所や新しい経験には慎重になる。大人だけの家庭で、子ども同士の関わりをもたずに育ってきたためか、子ども同士の関わりには苦手意識が強い。よく知っている子ども同士であれば、次第に警戒心を解いていけることもわかってきた。
今後は、保育者が仲立ちとなるなど工夫しながら、子ども同士で安心して過ごせるようにしていきたい。

プラスの視点で書きます。

慎重になる姿が見られる

0歳児の記録・文例

健やかに
伸び伸びと
育つ

「健やかに伸び伸びと育つ」視点でとらえた記録の例です。子どものどのような姿に着目し、どうとらえるのか、「幼保連携型認定こども園教育・保育要領　第2章　第1　健やかに伸び伸びと育つ」を確認しながら理解しましょう。

〔健康な心と体を育て、自ら健康で安全な生活をつくり出す力の基盤を培う。〕
1　ねらい
(1)身体感覚が育ち、快適な環境に心地よさを感じる。
(2)伸び伸びと体を動かし、はう、歩くなどの運動をしようとする。
(3)食事、睡眠等の生活のリズムの感覚が芽生える。
　　　　幼保連携型認定こども園教育・保育要領　第2章　第1　健やかに伸び伸びと育つ より抜粋

※内容は、巻末資料120ページ参照

文例

> おもちゃ棚からお気に入りのソフト積み木を取ってきて、保育者の隣で安心しながら、集中して遊んでいる。
> 　　　　　　　　　　　　　　　　　　　　　　場面4・問1の記録例

> 担任と一緒にいる安心感の中で、安定した様子で過ごしている。
> 　　　　　　　　　　　　　　　　　　　　　　場面5・問5の記録例

> 一人遊びをしている時に、ほかの友だちが近づいてくると、自分が安心できる場所へと移動する。
> 　　　　　　　　　　　　　　　　　　　　　　場面6・問9の記録例

> 園では離乳食の初期段階から始める。保育者がモデルとなってもぐもぐと口を動かす。じっと見ているが、口にためたまま、うまく動かせない。

> 座ったままボールを転がしたりしながら遊んでいた。ふと転がったボールを取ろうと、思わずハイハイで移動する姿が見られる。

> 保育者が「お外に行こうか」と言いながら、帽子を持たせたり靴を見せたりする。園庭に行くのだと気づいたのか、自分から出口に向かう姿が見られる。

Let's work!

イラストから、自分の経験の中で似ている場面を思い浮かべ、
「健やかに伸び伸びと育つ」視点で記録を書いてみましょう。

問13

記録例51ページ

問14

記録例51ページ

0歳児の記録・文例

身近な人と気持ちが通じ合う

「身近な人と気持ちが通じ合う」視点でとらえた記録の例です。子どものどのような姿に着目し、どうとらえるのか、「幼保連携型認定こども園教育・保育要領　第2章　第1　身近な人と気持ちが通じ合う」を確認しながら理解しましょう。

〔受容的・応答的な関わりの下で、何かを伝えようとする意欲や身近な大人との信頼関係を育て、人と関わる力の基盤を培う。〕
1　ねらい
⑴安心できる関係の下で、身近な人と共に過ごす喜びを感じる。
⑵体の動きや表情、発声等により、保育教諭等と気持ちを通わせようとする。
⑶身近な人と親しみ、関わりを深め、愛情や信頼感が芽生える。
幼保連携型認定こども園教育・保育要領　第2章　第1　身近な人と気持ちが通じ合う より抜粋

※内容は、巻末資料121ページ参照

文例

もうすぐ2歳になる友だちが関心を示し、近寄ってきておもちゃを手渡す。けんは遊ぶのをやめ、緊張しているのか、身体を固くする姿が見られる。友だちはヒトデの形をしたおもちゃをけんの手に持たせようとする。けんは持とうとせず、おもちゃは床にポトンと落ちてしまう。　　　　場面4・問2の記録例

信頼できる保育者と一緒にいることで、環境の変化にも安心して適応する様子が見られる。保育者の服の端をつかむことで安心し、きょろきょろとまわりを見渡す。　　　　場面5・問6の記録例

他児を認識する姿が育ちつつあり、近づかないようにしている姿が見られる。保育者が友だちと手をつながせてみようと試みるが、手をつなごうとはしない。　　　　場面6・問10の記録例

身近な友だちと共に過ごす喜びを表す姿が育ちつつある。友だちの名前がわかり、「○○ちゃん、どこ？」と聞いてくる。「今日はお休みだよ」と伝えると、がっかりした顔をする。

友だちが泣いていると頭をなでてあげたり、ティッシュで鼻水をふいてあげるなど、身体の動きや表情で気持ちを通わせようとする。

Let's work!

イラストから、自分の経験の中で似ている場面を思い浮かべ、
「身近な人と気持ちが通じ合う」視点で記録を書いてみましょう。

問15

記録例51ページ

問16

記録例51ページ

0歳児の記録・文例

身近なものと関わり感性が育つ

「身近なものと関わり感性が育つ」視点でとらえた記録の例です。子どものどのような姿に着目し、どうとらえるのか、「幼保連携型認定こども園教育・保育要領　第2章　第1　身近なものと関わり感性が育つ」を確認しながら理解しましょう。

〔身近な環境に興味や好奇心をもって関わり、感じたことや考えたことを表現する力の基盤を培う。〕
1　ねらい
(1)身の回りのものに親しみ、様々なものに興味や関心をもつ。
(2)見る、触れる、探索するなど、身近な環境に自分から関わろうとする。
(3)身体の諸感覚による認識が豊かになり、表情や手足、体の動き等で表現する。
幼保連携型認定こども園教育・保育要領　第2章　第1　身近なものと関わり感性が育つ より抜粋

※内容は、巻末資料121ページ参照

文例

好きなソフト積み木を見つけ、自分で手にとって遊んでいる。
場面4・問3の記録例

延長保育で新しい保育室に移動したが、見慣れない環境に驚きながら他児の遊ぶ姿やおもちゃを見る姿がある。
場面5・問7の記録例

ふれあい遊びを媒介にしながら、保育者と手をふれあった時の心地よさを楽しむ。
場面6・問11の記録例

3人きょうだいの末っ子で、入園前からきょうだいの送り迎えで園にはよく出入りをしていた。入園後は、慣れている安心感からか、落ち着いて園で過ごしている。

絵本棚から、気に入った絵本を次から次へと持ってきては床に並べている。

台風の日、雨や風で木の枝が大きく揺れるのを窓からじっと見ている。

Let's work!

イラストから、自分の経験の中で似ている場面を思い浮かべ、
「身近なものと関わり感性が育つ」視点で記録を書いてみましょう。

問17

記録例51ページ

問18

記録例51ページ

0歳児の記録・文例

**3つの
資質・能力**

「思考力、判断力、表現力等の基礎」「知識及び技能の基礎」「学びに向かう力、人間性等」の視点でとらえた記録の例です。子どもができるようになったり、遊びに工夫が見られるようになっていく過程をとらえると、どのような記録になるのかを確認しましょう。

文例

> 友だちがこちらに近づいてくることで自分に興味をもっていることに気づき、自分も相手に興味が生まれている。 場面4・問4の記録例（学びに向かう力、人間性等）

> 新しい環境に戸惑いながらも、自分の目で見たり、聞いたり、感じたりしながら、理解しようとする姿が育ちつつある。 場面5・問8の記録例（知識及び技能の基礎）

> 保育者が友だちとの関わりを試みるが、保育者との1対1の関係に喜びや安心を感じている。 場面6・問12の記録例（学びに向かう力、人間性等）

> 気に入ったおもちゃを見つけ、さわったり、ふったりしながら、くり返し試す姿が育ちつつある。 （思考力、判断力、表現力等の基礎）

> 身のまわりのことを保育者と一緒にやってみようとする意欲が見られる。 （思考力、判断力、表現力等の基礎）

> 一日の生活の流れがわかり、見通しをもって過ごそうとする姿が育ちつつある。 （知識及び技能の基礎）

Let's work! 問13〜18 記録例

問13

なかなかハイハイをしないので、うつ伏せになった時におなかの下にクッションを入れてみたところ、腕や足を動かしハイハイしようとする。

問14

動きが少しずつ活発になり、座ったままおもちゃを取ろうとする姿勢から、片手、両手を順に床について腕を伸ばして遠くのおもちゃを取ろうとする。

問15

保育者に抱っこされ、やさしく揺らしてもらっている心地よさの中で、「あー」「うー」と喃語を発する。

問16

保育者が「いないいない」と顔を隠すと不思議そうな顔をし、「ばあ」と顔を出すと、安心してうれしそうに笑う。

問17

転がすと音が出るボールを何度も転がして遊ぶ。音がするたび、保育者の顔を見る。

問18

寝る時はいつも布団の端をさわり、やわらかい中に芯がある感触を指で楽しむ。

第 2 章

場面で学ぶ 記録とワーク 1歳児

1歳児クラスの子どもの姿を追いながら、
記録のとり方を解説します。
自我が芽生え始めたこの時期の子どもを、
どうとらえて書けばよいのでしょう。
ワークをしながら学んでいきます。

記録のための
基本情報
──年間目標・期のねらい──

記録の基礎となる年間目標、
期のねらいを確認します。

たんぽぽこども園
1歳児りす組のデータ

ここに書いたのは、たんぽ
ぽこども園（架空）の年間
目標と期のねらいです。
確認してからワークに進み
ましょう。

年間目標

◎安心できる保育者のもとで、食事や排せつ、着脱など身のまわりのこと
　に興味をもち、自分でしようとする。
◎安全で活動しやすい環境の中で、探索活動や発達に応じた活動を楽しむ。
◎保育者や友だちとの関わりを通して言葉を覚え、気持ちや欲求を表せる
　ようになる。

期のねらい

1期
- 新しい環境や保育者に慣れ、安心して過ごす。
- 保育者に見守られながら、好きな遊びを十分に楽しみ、おもしろ
　さを味わう。
- 保育者や友だちとのふれあいを通して、関わりを楽しむ。

2期
- 安定した生活リズムの中で、健康に過ごす。
- 保育者や友だちと好きな探索活動を十分に楽しむ。
- 身のまわりのことを保育者と一緒にやりながら話そうとする。

3期
- 「自分で」という気持ちをもち、身のまわりのことをやろうとす
　る。
- 保育者や友だちと一緒に、自然に触れ、体を動かして遊ぶ。
- 自分の思いを身振りや簡単な言葉で保育者に表現しようとする。

子ども理解に向けた記録の視点と書き方

ここから、1歳児こうくんの姿を追い、
記録のとり方を解説します。

子どもの姿を把握する（1歳児）

　新入児と継続児が混じる1歳児クラス。経験の幅が異なる一人ひとりの姿を把握し、それぞれが落ち着いて過ごせるように配慮していくことが大切です。

　自我が芽生え、自他の区別がついてくるこの時期は、「ぼくの」「私の」という思いを尊重しながら折り合いをつけていくことを伝えていきます。直立歩行が始まるなど、体の動きや感覚器官も大きく成長します。子ども一人ひとりの発達過程を適切にとらえて対応できるよう、記録を活用しましょう。

こうの姿

● 1歳児クラスから入園。
● 父、母、小学生の姉がいる。4人家族。
● 人見知りは少ない。
● 友だちと関わりたい気持ちが強い。

子どもの姿を観察し、記録する

　日誌は、クラス全体のことだけでなく、その日の活動を通した子どもの姿を具体的に記します。この記述は、月ごとにまとめる「個人記録」の資料にもなります。

　次のページから、4月のある場面におけるこうの姿と、こうについての記述をもとに書いた個人記録を3日分紹介します。どのような姿をとらえ、どのように記録するのかを学びましょう。

◆4月○日の日誌・こうについての記述

初登園の日、まったく泣かず、母親に手を振り、保育者に抱かれる。
『だるまさんが』の絵本を見つけ、絵本棚から引っ張り出して眺め
ている。お迎え時に母親に聞くと、家に同じ絵
本があるとのことだった。

ここをとらえる！

『だるまさんが』の絵本
のどの場面が気に入って
いるのかを具体的に記録
します。指さしや言葉な
どの反応があればそれも
記録しておきましょう。

子どもの姿を5領域と3つの資質・能力の視点でとらえる

　日誌の記述をもとに、個人記録を書きます。その際、5領域を意識しながら育ちの姿をとらえて書きます。合わせて、3つの資質・能力の視点で子どもの変容を振り返ることで、子どもの育ちつつある姿をとらえましょう。

担任の記録

● 家で読んでいるのと同じ絵本があることで、園の環境に親しみを感じ、安心して過ごしている。　　　‥‥‥▶ 健康

● 保育室の中を探索し、絵本のある場所がわかり、お気に入りの絵本を自分で見つけている。　‥‥‥▶ 環境

 保育者との関わりについては、どうでしょうか。人間関係の視点でもとらえてみましょう。

● 絵本を介して、保育者との関わりが心地よいものになっている。　　‥‥‥▶ 人間関係

 子どもの何が育ちつつあるのか、3つの資質・能力の視点でもとらえてみましょう。

● 自ら探索したり、保育者と関わりながら、新しい環境に適応しようという姿が育ちつつある。　‥‥‥‥▶ 思考力、判断力、表現力等の基礎

場面 8	4月×日 　　　　友だちの世話

◆4月×日の日誌・こうについての記述

自分より月齢が低くもたもたしている友だちの姉になったつもり
で、自分のことは後まわしにして友だちの着替えをロッカーから出
してきたり、靴を履かせようとする。友だちが
「いや！」と言っても、無理やり世話を焼こう
とする。

ここをとらえる！

こうが家庭でしてもらっ
てきた心地よいことをま
ねしようとする姿に着目
しましょう。

子どもの姿を5領域と3つの資質・能力の視点でとらえる

担任の記録

● 自分が姉にしてもらったことで心地よいと感じたことを、友だちにしようとする姿が見られる。 ········▶ **表現**

● 自分がしたいことが先に立ち、ほかの子どもにとってはそれが嫌だということがまだ理解できていない。 ········▶ **人間関係**

人間関係や表現の視点だけではなく、環境の視点でもとらえてみましょう。

● 着替えや靴、帽子などのある場所がわかり、散歩に行く時の手順なども理解している。 ········▶ **環境**

子どもの何が育ちつつあるのか、3つの資質・能力の視点でもとらえてみましょう。

● 自分がしてもらって心地よいと感じることを友だちにもするという気持ちが芽生えつつあるとともに、それが受け入れられないことによる葛藤を感じている。 ·········▶ 学びに向かう力、人間性等

◆4月△日の日誌・こうについての記述

友だちの世話を焼きたい気持ちをそらすため、おもちゃの片づけや食事の前のテーブルセッティングなどの手伝いを頼んでみる。たくさんほめるうちに、友だちの世話も忘れたように気にしなくなり、楽しそうに手伝いをしている。

ここをとらえる！

何のおもちゃをどのように片づけたのか、テーブルセッティングの手伝いは大人と一緒に行ったのかなど、具体的に記録しておきましょう。

子どもの姿を5領域と3つの資質・能力の視点でとらえる

担任の記録

● 片づけやテーブルセッティングなどを見よう 見まねで手伝う。 ········▶ 健康

● 身のまわりを整えることの気持ちよさを感じ ている。 ········▶ 環境

● 大人の行動に興味をもち、それと同じことを してみたいという気持ちに満たされている。 ········▶ 表現

人間関係の視点でもとらえてみましょう。

● 「手伝ってくれてありがとう」とほめられた ことで、自分から進んでやろうとする気持ち ········▶ 人間関係 が芽生えている。

子どもの何が育ちつつあるのか、3つの資質・能力の視点 でもとらえてみましょう。

思考力、判断力、 表現力等の 基礎

● 保育者の手伝いを通し、試行錯誤したり工夫 したりする力が育ちつつある。 ·········▶

◆ 5月○日の日誌・こうについての記述

> 友だちが登園を嫌がり泣いているのを不思議そうに見ている。泣いている友だちのところを保育者が離れると、人形を持ってきて友だちの前に並べる。泣き止まないので、また違う人形を持ってくる。

ここをとらえる！

どのような人形またはぬいぐるみなのか、それはふだんお気に入りのものなのか、具体的に記録しましょう。

5月○日の姿と日誌から、5領域と3つの資質・能力の視点で
こうをとらえ、記録してみましょう。

問19 健康の視点でとらえて書いてみましょう。　　　　記録例70ページ

問20 人間関係の視点でとらえて書いてみましょう。　　　記録例72ページ

問21 環境の視点でとらえて書いてみましょう。　　　　　記録例74ページ

問22 言葉の視点でとらえて書いてみましょう。　　　　　記録例76ページ

問23 表現の視点でとらえて書いてみましょう。　　　　　記録例78ページ

問24 3つの資質・能力（「思考力、判断力、表現力等の基礎」「知識及び技能の基礎」「学びに
向かう力、人間性等」）のいずれかの視点でとらえて書いてみましょう。記録例80ページ

場面 11	6月×日	絵本の読み聞かせ

◆ 6月×日の日誌・こうについての記述

本棚から『だるまさんが』の絵本を取り出し、保育者のところに持っていって読んでもらう。保育者が「だるまさんが…どてっ」と読みながら、自分も「どてっ」と転ぶ身ぶりをすると、声を立てて笑う。「もいっかい」と、何度もくり返し読んでくれとせがむ。

ここをとらえる！

何を楽しんでいるのか、何回くらいくり返すのかを記録しましょう。

6月×日の姿と日誌から、5領域と3つの資質・能力の視点で
こうをとらえ、記録してみましょう。

問25 健康の視点でとらえて書いてみましょう。　　　記録例70ページ

問26 人間関係の視点でとらえて書いてみましょう。　　記録例72ページ

問27 環境の視点でとらえて書いてみましょう。　　　　記録例74ページ

問28 言葉の視点でとらえて書いてみましょう。　　　　記録例76ページ

問29 表現の視点でとらえて書いてみましょう。　　　　記録例78ページ

問30 3つの資質・能力（「思考力、判断力、表現力等の基礎」「知識及び技能の基礎」「学びに
向かう力、人間性等」）のいずれかの視点でとらえて書いてみましょう。記録例80ページ

場面 12	7月△日	ままごと

◆7月△日の日誌・こうについての記述

> ままごと遊びが気に入り、こうがお母さん役になって友だちに「ご
> はん食べなさい」などと指示する遊びを楽しんでいる。

ここをとらえる！

誰のどのような関わりをまねているのでしょうか。言葉のやりとりを記録しながら、考えてみましょう。

Let's work!

7月△日の姿と日誌から、5領域と3つの資質・能力の視点で
こうをとらえ、記録してみましょう。

問31 健康の視点でとらえて書いてみましょう。　　　　記録例70ページ

問32 人間関係の視点でとらえて書いてみましょう。　　　記録例72ページ

問33 環境の視点でとらえて書いてみましょう。　　　　記録例74ページ

問34 言葉の視点でとらえて書いてみましょう。　　　　記録例76ページ

問35 表現の視点でとらえて書いてみましょう。　　　　記録例78ページ

問36 3つの資質・能力（「思考力、判断力、表現力等の基礎」「知識及び技能の基礎」「学びに
向かう力、人間性等」）のいずれかの視点でとらえて書いてみましょう。記録例80ページ

個人記録を経過記録にまとめる

　日々の記録の積み重ねが、月ごとの個人記録となり、さらに経過記録につながります。ここでは、こうの4月〜7月の「個人記録」と1期の「経過記録」の例を紹介します。

　ここまでの記録が、月ごとの「個人記録」として、また、期の「経過記録」として、どのようにまとめられるのかを見てみましょう。

　なお、ここに示したのは、担任が書いた記録例です。指導のコメントや書き換え例などとともに読み、参考にしてください。

4月のこうの個人記録

初登園から泣かずに過ごす。園生活に慣れると、自分より月齢の低い友だちを「赤ちゃん」にして世話を焼こうとするが、断られる。しかし、なぜ断られるのか理解できず、くり返し追いかけまわす姿が見られる。「お姉さんでありたい」気持ちを尊重しつつ、友だちから気持ちをそらすため、保育者が手伝いを頼んだところ、楽しそうに取り組む。ほめられるとうれしそうにし、認められたことに満足している。

想像ではなく客観的にとらえて書きましょう。
例
自分なりに人と関わろうとする姿を受け止めながら

5月のこうの個人記録

保育者や友だちの様子を見てまねる姿が育ちつつある。まだ園に慣れずに、登園後に泣いている友だちが気になり、人形などを渡そうとするなど、こうなりに友だちをなだめようとしている姿が見られる。保育者が「○○ちゃんにやさしくしてくれてありがとう」と言うと、うれしそうにしていた。入園から1か月でおしゃべりが上手になり、保育者に「お姉ちゃんがいるの」「お風呂で遊んだの」などと、家の話をたくさんしてくる。言葉が増える時期なので、たくさん会話をして言葉の力を高めていきたい。

次につながる書き方がいいですね。

6月 のこうの個人記録

保育者が『だるまさんが』の絵本を読み、みんなで
その動作をして楽しむ遊びがはやっている。とくに
その遊びがお気に入りで、楽しく何回もくり返す姿
が見られる。「どてっ」の場面では転ぶまねをし、
友だちが笑うとうれしくなって、大げさにその動作
をくり返す陽気さがある。友だちからも「おもしろ
いことをする子ども」と認識され始めており、まわ
りに友だちが集まってくる。

4月、5月と遊び
の姿が変わりつつ
あることが読みと
れます。

7月 のこうの個人記録

雨続きで室内遊びが多くなり、おもにままごとをし
て遊んでいる。エプロンをつけると喜び、人形を背
負わせてほしいと持ってくる。友だちと関わって遊
ぶことも増えてきており、ままごと遊びを仕切る姿
が目立つ。友だちにあれこれ指示し、友だちも今は
喜んで従っている。少し無理強いをする姿もあるの
で、注意しながら見守っていきたい。

この様子から、育
ちをとらえて書き
加えましょう。
例
身近な生活場面を
模倣し、表現する
姿が育ちつつある。

1期 のこうの経過記録

クラスの中では月齢も高く、しっかりしているこうは、園生活にも
スムーズに慣れ、安定して過ごしている。家庭では小学生の姉に世
話をしてもらっているということで、園では自分が「お姉さん」と
なって友だちのお世話をしたい気持ちが強いようだ。はじめは無理
やり世話を焼き、嫌がられることもあったが、保育者がほかに気持
ちをそらすことで、トラブルは減ってきた。友だちとの関わりを好
み、ふざけたりおどけたりする陽気な性格である。こうの明るい特
性を伸ばしながら、楽しい経験を積み重ねていけるようにしたい。

どのようなとこ
ろが「しっかり
している」のか
具体的に書きま
しょう。

前向きな姿を書
くことで見通し
が立ちます。

1歳児の記録・文例

健康

「健康」の領域をとらえた記録の例です。子どものどのような姿に着目し、どうとらえるのか、「幼保連携型認定こども園教育・保育要領 第2章 第2 健康」を確認しながら理解しましょう。

〔健康な心と体を育て、自ら健康で安全な生活をつくり出す力を養う。〕
1　ねらい
(1)明るく伸び伸びと生活し、自分から体を動かすことを楽しむ。
(2)自分の体を十分に動かし、様々な動きをしようとする。
(3)健康、安全な生活に必要な習慣に気付き、自分でしてみようとする気持ちが育つ。

幼保連携型認定こども園教育・保育要領　第2章　第2　健康 より抜粋

※内容は、巻末資料122ページ参照

文例

泣いている友だちに対して、自分にできることを考え、自ら行動している。
場面10・問19の記録例

絵本の場面を模倣し、「どてっ」と転ぶ身振りをするなど、体を動かして表現することを楽しんでいる。
場面11・問25の記録例

自分のしたい遊びを選び、伸び伸びと楽しんでいる。
場面12・問31の記録例

「散歩に行くよ」と言うと、自分で帽子を取りに行くなど、生活の流れが理解できている。

保育室に設けたトンネルをハイハイでくぐり抜ける身体の動きができるようになり、楽しむ。

散歩ではたくさん身体を動かし、帰ってくると「おなかがすいた」と言う。

給食のサラダに入っているにんじんを見て、つまんで出そうとする。保育者に「うさぎさんみたいにジャンプがじょうずになるよ」と言われ、口に入れて食べる。

Let's work!

イラストから、自分の経験の中で似ている場面を思い浮かべ、
「健康」の視点で記録を書いてみましょう。

問37

記録例81ページ

問38

記録例81ページ

71

1歳児の記録・文例

人間関係 「人間関係」の領域をとらえた記録の例です。子どものどのような姿に着目し、どうとらえるのか、「幼保連携型認定こども園教育・保育要領　第2章　第2　人間関係」を確認しながら理解しましょう。

〔他の人々と親しみ、支え合って生活するために、自立心を育て、人と関わる力を養う。〕
1　ねらい
⑴幼保連携型認定こども園での生活を楽しみ、身近な人と関わる心地よさを感じる。
⑵周囲の園児等への興味・関心が高まり、関わりをもとうとする。
⑶幼保連携型認定こども園の生活の仕方に慣れ、きまりの大切さに気付く。

幼保連携型認定こども園教育・保育要領　第2章　第2　人間関係 より抜粋

※内容は、巻末資料123ページ参照

文例

友だちが泣いている姿を見て、とまどいながらも友だちの気持ちに寄り添う姿がある。 場面10・問20の記録例

大好きな保育者に甘え、自分の欲求を叶えてもらいながら、楽しく過ごしている。 場面11・問26の記録例

友だちと一緒にいることを楽しいと感じている。友だちと関わる過程では、ときに葛藤もあるが、楽しみながら過ごしている。 場面12・問32の記録例

友だちが使っているおもちゃを自分も使おうと、友だちが床に置いた瞬間に取ろうとするが、「ダメ！」と言われて手をひっこめる。

園庭で遊んでいる3歳児クラスの子どもの仲間に入りたくて、そばでじっと見て楽しんでいる。

Let's work!

イラストから、自分の経験の中で似ている場面を思い浮かべ、
「人間関係」の視点で記録を書いてみましょう。

問39

記録例81ページ

問40

記録例81ページ

1歳児の記録・文例

「環境」の領域をとらえた記録の例です。子どものどのような姿に着目し、どうとらえるのか、「幼保連携型認定こども園教育・保育要領 第2章 第2 環境」を確認しながら理解しましょう。

〔周囲の様々な環境に好奇心や探究心をもって関わり、それらを生活に取り入れていこうとする力を養う。〕

1 ねらい
(1)身近な環境に親しみ、触れ合う中で、様々なものに興味や関心をもつ。
(2)様々なものに関わる中で、発見を楽しんだり、考えたりしようとする。
(3)見る、聞く、触るなどの経験を通して、感覚の働きを豊かにする。

幼保連携型認定こども園教育・保育要領 第2章 第2 環境 より抜粋

※内容は、巻末資料123ページ参照

文例

保育室の環境になじみ、どこに人形があるかに気づきつつある。
場面10・問21の記録例

保育室の本棚に、自分が好きな絵本があることを知っている。
場面11・問27の記録例

ままごと道具に興味をもち、それらを使って、入れたり出したりする姿が見られる。
場面12・問33の記録例

散歩では、落ちているどんぐりを見つけ、指先でじょうずにつまみ、ポケットに入れようとする。

園庭で遊んでいたら雨が降ってきた。顔に水滴がつき、雨だと気づいて指さししながら空を見上げる。

園のうさぎに興味を示し、えさを食べる様子をじっと見ている。

Let's work!

イラストから、自分の経験の中で似ている場面を思い浮かべ、
「環境」の視点で記録を書いてみましょう。

問41

記録例81ページ

問42

記録例81ページ

1歳児の記録・文例

言葉

「言葉」の領域をとらえた記録の例です。子どものどのような姿に着目し、どうとらえるのか、「幼保連携型認定こども園教育・保育要領 第2章 第2 言葉」を確認しながら理解しましょう。

〔経験したことや考えたことなどを自分なりの言葉で表現し、相手の話す言葉を聞こうとする意欲や態度を育て、言葉に対する感覚や言葉で表現する力を養う。〕
1　ねらい
⑴言葉遊びや言葉で表現する楽しさを感じる。
⑵人の言葉や話などを聞き、自分でも思ったことを伝えようとする。
⑶絵本や物語等に親しむとともに、言葉のやり取りを通じて身近な人と気持ちを通わせる。

幼保連携型認定こども園教育・保育要領　第2章　第2　言葉 より抜粋

※内容は、巻末資料124ページ参照

文例

> 言葉は出なくても、人形を持ってきて渡すという行為を通して、友だちをなぐさめようとする姿が見られる。　　　　　　　　　場面10・問22の記録例

> お気に入りの絵本があり、同じ言葉のくり返しを楽しんでいる。
> 　　　　　　　　　　　　　　　　　　　　　　　　場面11・問28の記録例

> 言葉を使って友だちに自分のしてほしいことを伝え、友だちもそれを理解し、遊びが進行している。　　　　　　　　　　　場面12・問34の記録例

> ままごと遊びを通して、友だちと「どうぞ」「ありがとう」といった言葉のやりとりができている。

> 帰り際、自分から保育者に、「先生、バイバイ」と言えるようになっている。

Let's work!

イラストから、自分の経験の中で似ている場面を思い浮かべ、
「言葉」の視点で記録を書いてみましょう。

問43

記録例82ページ

問44

記録例82ページ

1歳児の記録・文例

「表現」の領域をとらえた記録の例です。子どものどのような姿に着目し、どうとらえるのか、「幼保連携型認定こども園教育・保育要領 第2章 第2 表現」を確認しながら理解しましょう。

〔感じたことや考えたことを自分なりに表現することを通して、豊かな感性や表現する力を養い、創造性を豊かにする。〕
1 ねらい
(1)身体の諸感覚の経験を豊かにし、様々な感覚を味わう。
(2)感じたことや考えたことなどを自分なりに表現しようとする。
(3)生活や遊びの様々な体験を通して、イメージや感性が豊かになる。
幼保連携型認定こども園教育・保育要領 第2章 第2 表現 より抜粋

※内容は、巻末資料124ページ参照

文例

人形を持ってきて置くという行為で、泣いている友だちに寄り添う気持ちを表現している。
　場面10・問23の記録例

「だるまさんが」のかけ声に合わせて、リズムよく全身を動かして楽しんでいる。
　場面11・問29の記録例

母親の料理を作ったりする姿をまねて、同じように模倣する姿がある。
　場面12・問35の記録例

給食室からごはんのにおいが漂ってくるのに気づき、「ごはんだ」と言って喜ぶ。

スタンプ遊びで赤いスタンプを押す行為が気に入り、画用紙全体に赤いスタンプをくり返し押して喜ぶ。

手遊び歌を喜び、保育者と一緒に何度もリズムよくくり返す。

Let's work!

イラストから、自分の経験の中で似ている場面を思い浮かべ、
「表現」の視点で記録を書いてみましょう。

問45

記録例82ページ

問46

記録例82ページ

1歳児の記録・文例

「思考力、判断力、表現力等の基礎」「知識及び技能の基礎」「学びに向かう力、人間性等」の視点でとらえた記録の例です。子どもができるようになったり、遊びに工夫が見られるようになっていく過程をとらえると、どのような記録になるのかを確認しましょう。

文例

> 泣いている姿から友だちの気持ちに気づき、自分ができるか考え、やってみる姿が育ちつつある。　場面10・問24の記録例（思考力、判断力、表現力等の基礎）

> 大好きな絵本のお気に入りの場面を、読んで聞かせてもらうだけでなく、自分の身体を使って、より楽しもうとしている姿が見られる。
> 場面11・問30の記録例（学びに向かう力、人間性等）

> 家で自分がやってもらっていることを、ごっこ遊びの中で再現して、生活の理解をより深めつつある。　場面12・問36の記録例（知識及び技能の基礎）

> 「自分で」という気持ちをもち、うまくできないながらも身のまわりのことをやろうとする気持ちが育ちつつある。　（学びに向かう力、人間性等）

> 絵本の絵を指さしながら、「知ってる」「うちにあるよ」などと自分の経験と結びつけようとする姿が見られる。　（思考力、判断力、表現力等の基礎）

> 水の心地よさやおもしろさに気づき、水遊びを楽しむ姿が見られる。
> （知識及び技能の基礎）

Let's work!　問37〜46　記録例

問37

鼻水が出ているので、保育者が「お鼻出てるよ」と言うと、自分でティッシュでふこうとする。

問38

散歩では保育者と手をつなぎ、時々抱っこをせがみながらも最後まで自分で歩き通す。

問39

園庭で、年長児がサッカーをして遊ぶのをじっと見ている。年長児が保育室に入ってしまうと、同じようにボールを蹴ろうとする。

問40

友だちの保護者が迎えに来ると本人より先に気づき、その子どもを呼びに行く。

問41

自分が使っていたおもちゃを友だちが使おうとすると、「ダメ、○○ちゃんの！　△△ちゃんはこっち」と言うなど、自分のものと他人のものを区別しようとする。

問42

散歩の途中、門松を見つけ、「これなあに?」と保育者にたずねる。「お正月の飾りだよ」と言うと、「ふうん」と言う。

問43

送迎時、保育者と保護者が話しているのをじっと聞いている。自分の話題がわかるようである。

問44

「ゆうえんち、いったの」と、昨日、自分がしたことを保育者に報告してくれる。

問45

画用紙にクレヨンでなぐり書きをする。ぐるぐると丸をたくさん描いている。

問46

「先生、見て」と言い、何度も台の上から飛び降りてみせ、得意そうにしている。

第 3 章

場面で学ぶ
記録とワーク
2歳児

2歳児クラスの子どもの姿を追いながら、
記録のとり方を解説します。
創造性が芽生え、イメージの世界で遊べるようになった
時期の子どもを、どうとらえて書けばよいでしょうか。
ワークをしながら学んでいきます。

記録のための基本情報

──年間目標・期のねらい──

記録の基礎となる年間目標、期のねらいを確認します。

たんぽぽこども園
２歳児うさぎ組のデータ

ここに書いたのは、たんぽぽこども園（架空）の年間目標と期のねらいです。確認してからワークに進みましょう。

年間目標

◎保育者や友だちと一緒に過ごす楽しさやうれしさを知る。
◎指先を使って活動を楽しんで行い、また全身運動も行って体力づくりをする。
◎言葉のやりとり、模倣遊び、ごっこ遊びを楽しみながら言葉で伝え合う。

期のねらい

1期
- 新しい環境に慣れ、安心して無理のないリズムで過ごす。
- 園庭で気持ちよく体を動かし、自然物にふれる。
- 友だちと遊ぶ中で、保育者の支えを受けながら、自分の気持ちに気づいていく。

2期
- 身のまわりのことを、自分なりに楽しみながらやってみる。
- 全身を動かして遊ぶ楽しさを知る。
- 様々な体験からイメージをふくらませ、友だちと言葉のやりとりをしながらごっこ遊びを楽しむ。

3期
- 生活の見通しをもって、身のまわりのことを自らする。
- 自分がイメージしたことを様々な素材を使って表現することを楽しむ。
- 自分の考えを言ったり友だちの話を聞いたりして、一緒に遊ぶことを楽しむ。

子ども理解に向けた記録の視点と書き方

ここから、2歳児まいちゃんの姿を追い、
記録のとり方を解説します。

子どもの姿を把握する（2歳児）

　入園から1〜2年経過し、園生活にも慣れてくる2歳児。言葉が急速に増え、体の動きもスムーズになり、何でも自分でやろうとするなど、人間らしくなってくる育ちの姿をとらえていきます。

　この時期の子どもは、保育者の関わり方で大きく変わります。保育者の顔色を見ることなく、伸び伸びと過ごせるよう、また、一人ひとりのよいところや創造性を伸ばしてけるよう、記録を活用していきましょう。

まいの姿

- 1歳児から入園。
- 家族は父、母。一人っ子。
- うさぎのぬいぐるみが好きで、いつも持ち歩く。
- 好き嫌いが多く、給食はほとんど食べられない。

子どもの姿を観察し、記録する

　日誌は、クラス全体のことだけでなく、その日の活動を通じた子どもの姿を具体的に記します。この記述は、月ごとにまとめる「個人記録」の資料にもなります。

　次のページから、4月のある場面におけるまいの姿と、まいについての記述をもとに書いた個人記録を3日分紹介します。どのような姿をとらえ、どう記録するのかを学びましょう。

◆4月○日の日誌・まいについての記述

園庭で、クラスの子どもたちは砂場遊びをしたり、三輪車やボール遊びをしているが、まいは保育者のそばにいる。保育者がそばにいると、友だちと一緒に地面に木の枝で線をひいて遊ぶ。保育者がそばを離れると誰とも遊ばず、一人でじっと立って友だちが遊ぶ様子を見ている。

ここをとらえる！

1歳児クラスの時に好きな遊びは何でしたか。記録を読み返し、まいのお気に入りの遊びや、遊びを通した活動過程を把握しておきましょう。

子どもの姿を5領域と3つの資質・能力の視点でとらえる

　日誌の記述をもとに、個人記録を書きます。その際、5領域を意識しながら育ちの姿をとらえて書きます。合わせて、3つの資質・能力の視点で子どもの変容を振り返ることで、子どもの育ちつつある姿をとらえましょう。

担任の記録

- 保育者がそばにいれば、安心して友だちと関わることができる。　⋯⋯▶ 人間関係

- 友だちの遊ぶ様子や会話などに興味をもち、じっと聞いている。　⋯⋯▶ 言葉

 まいのがしている遊びの中からほめるところをとらえてみましょう。

- 木の枝で地面をなぞると線が引けることに気づき、それを楽しんでいる。　⋯⋯▶ 表現

 子どもの何が育ちつつあるのか、3つの資質・能力の視点でもとらえてみましょう。

- 木の枝で地面をひっかくと線がひけるおもしろさに気づき、表現しようとする姿が育ちつつある。　⋯⋯▶ 知識及び技能の基礎

◆4月×日の日誌・まいについての記述

絵本を読んでもらうのが好きで、保育者に「これ読んで」と、まいが2、3冊の絵本を持ってきた。『ぐりとぐら』の絵本が気に入っており、くり返し読み聞かせをせがむ。絵本を読む時は、いちばん前に座り、最後までよく聞いて楽しんでいる。

ここをとらえる！

まいは絵本のどのような場面を好んでいるのでしょうか。また、何を楽しんでいるのでしょうか。いつも座るところは同じでしょうか。

子どもの姿を5領域と3つの資質・能力の視点でとらえる

担任の記録

● お気に入りの絵本があり、その言葉の響きや内容をくり返し楽しんでいる。　　　………▶　言葉

● いつでも絵本を読んでもらえるという安心感をもっている。　　　………▶　健康

人間関係の視点でもとらえてみましょう。

● 絵本の内容を理解し、友だちと一緒にその世界を楽しみ、最後まで聞こうとする姿がある。　………▶　人間関係

子どもの何が育ちつつあるのか、3つの資質・能力の視点でもとらえてみましょう。

● 自分で絵本を選び、信頼できる保育者に「読んでほしい」と自分の気持ちを言えるようになりつつある。　………▶　学びに向かう力、人間性等

◆4月△日の日誌・まいについての記述

家庭では、ほとんど白ごはんしか食べないとのこと。園でもおかずに手をつけようとしない。食事のテーブルに食材（白ごはん、トマト、きゅうり、にんじん、魚など）の写真を貼り、「今日はこれ食べた」と言えるようにしたところ、写真を指さして「今日これ食べた」とうれしそうに話す。

ここをとらえる！

何を楽しんでくり返しているのか、活動の過程を書くとよいでしょう。

子どもの姿を5領域と3つの資質・能力の視点でとらえる

担任の記録

● 好き嫌いが多く、おかずをほとんど食べない。 ⋯⋯⋯▶ 　健康

● 食材の写真を貼ったことで食べることへの興味や関心が芽生えつつある。 ⋯⋯⋯▶ 　環境

食材の写真を貼ったことで、 まいがどのように反応したか、 言葉の視点でとらえてみましょう。

● 自分の食べたものに興味をもち、カードを指さしたり、言葉で伝えたりしている。 ⋯⋯⋯▶ 　言葉

子どもの何が育ちつつあるのか、3つの資質・能力の視点でもとらえてみましょう。

● 好き嫌いがある中でも、「今日はこれを食べた」という意思が育ちつつある。 ⋯⋯⋯▶ 　個別の知識及び技能の基礎

◆ 5月〇日の日誌・まいについての記述

人形遊びが好きで、うさぎのぬいぐるみや抱っこ人形をいっぱい集め、人形にごはんを食べさせたり、おむつを替えたりして遊んでいる。「もうねんねの時間ですよ」「ごはん、いっぱい食べなさい」など、たくさん話しかけている。

ここをとらえる！
具体的な言葉のやりとりを丁寧に記録しています。

Let's work!

5月○日の姿と日誌から、5領域と3つの資質・能力の視点で
まいをとらえ、記録してみましょう。

問47 健康の視点でとらえて書いてみましょう。　　　　記録例100ページ

問48 人間関係の視点でとらえて書いてみましょう。　　　　記録例102ページ

問49 環境の視点でとらえて書いてみましょう。　　　　記録例104ページ

問50 言葉の視点でとらえて書いてみましょう。　　　　記録例106ページ

問51 表現の視点でとらえて書いてみましょう。　　　　記録例108ページ

問52 3つの資質・能力（「思考力、判断力、表現力等の基礎」「知識及び技能の基礎」「学びに
向かう力、人間性等」）のいずれかの視点でとらえて書いてみましょう。記録例110ページ

3

場面で学ぶ記録とワーク　2歳児

◆6月×日の日誌・まいについての記述

日中は紙パンツをはいているが、あまり失敗することはなく、自分から保育者に「トイレに行く」と伝えられるようになった。トイレの後は、自分でズボンをはこうとするが、お尻のところでつかえてしまう。保育者はしばらく見守り、かんしゃくを起こしかけたところで「一緒にやろうか」と声をかけて手伝った。

ここをとらえる！

子どもの葛藤は育ちつつある姿の証です。葛藤している部分を丁寧に観察して記録しましょう。

Let's work!

6月×日の姿と日誌から、5領域と3つの資質・能力の視点で
まいをとらえ、記録してみましょう。

問53 健康の視点でとらえて書いてみましょう。　　　　　　記録例100ページ

問54 人間関係の視点でとらえて書いてみましょう。　　　　記録例102ページ

問55 環境の視点でとらえて書いてみましょう。　　　　　　記録例104ページ

問56 言葉の視点でとらえて書いてみましょう。　　　　　　記録例106ページ

問57 表現の視点でとらえて書いてみましょう。　　　　　　記録例108ページ

問58 3つの資質・能力（「思考力、判断力、表現力等の基礎」「知識及び技能の基礎」「学びに
向かう力、人間性等」）のいずれかの視点でとらえて書いてみましょう。記録例110ページ

場面 18	7月△日	砂場遊びの場面

◆7月△日の日誌・まいについての記述

砂場で友だちと「パーティしよう」と言いながら遊んでいる。保育者が「何を作ったの?」とたずねると、「ハンバーグとおにぎり」と言い、食べるまねをしていた。「おいしい?」「おいしいよ」とうれしそうに答える。しばらく見守っていると、たくさんの料理ができていた。

ここをとらえる!

子ども同士の言葉のやりとりを記録しておくことが大切です。

96

7月△日の姿と日誌から、5領域と3つの資質・能力の視点で
まいをとらえ、記録してみましょう。

問59 健康の視点でとらえて書いてみましょう。　　　　　記録例100ページ

問60 人間関係の視点でとらえて書いてみましょう。　　　　記録例102ページ

問61 環境の視点でとらえて書いてみましょう。　　　　　　記録例104ページ

問62 言葉の視点でとらえて書いてみましょう。　　　　　　記録例106ページ

問63 表現の視点でとらえて書いてみましょう。　　　　　　記録例108ページ

問64 3つの資質・能力（「思考力、判断力、表現力等の基礎」「知識及び技能の基礎」「学びに
向かう力、人間性等」）のいずれかの視点でとらえて書いてみましょう。　記録例110ページ

個人記録を経過記録にまとめる

　日々の記録の積み重ねが、月ごとの個人記録となり、さらに経過記録につながります。ここでは、まいの4月〜7月の「個人記録」と1期の「経過記録」の例を紹介します。

　ここまでの記録が、月ごとの「個人記録」として、また、期の「経過記録」として、どのようにまとめられるのかを見てみましょう。

　なお、ここに示したのは、担任が書いた記録例です。指導のコメントや書き換え例などとともに読み、参考にしてください。

4月 のまいの個人記録

園生活には慣れているが、進級して少し緊張している。信頼する保育者のそばにいれば、安心して遊ぶことができる。絵本に興味を示し、集中して聞き、内容もよく理解できている。入園当初から食が細く、保護者も半ばあきらめ気味だ。食材の写真に興味は示すが、食欲には結びつかない。体を動かして遊ぶ、食べる意欲がわく活動などを通して、少しでもたくさん食べられるようにしていきたい。

具体的に書きましょう。

次につながる活動を考えることは大切です。

否定的なことを記述するのではなく、むしろ支援について書きましょう。

どのような言葉なのか、具体的に書きましょう。

5月 のまいの個人記録

人形のお世話遊びでは、ふだん自分が言われていることを再現して楽しんでいる。絵本が好きなこともあり、語彙は豊富だ。相変わらず食は細く、食べられる食材は少ない。園庭にミニトマトを植え、一緒に水やりをしてみた。「トマトができたら食べようね」と声をかけたところ、興味が出てきたのか笑顔でうなずいた。

肯定的に書きましょう。今、何が育ちつつあるのでしょうか。

この年齢で豊富という根拠はなんでしょう？ 2歳児の言葉で何を語っているのか、具体的に書きましょう。

6月 のまいの個人記録

衣服の着脱や、脱いだものを自分でたたみ、できると保育者に「できた」と知らせ、満足そうにしている。うまくできない時はかんしゃくを起こしそうになるが、投げ出す前にさりげなく手伝うことで本人の自信をなくさないようにしている。トイレトレーニングでは、自分で「トイレに行く」と言えるようになり、失敗もほとんどなくなった。本人の意思も確認しながら、布パンツに挑戦してみようと思う。

4月、5月で記述した「絵本」についても、継続して書きましょう。

育ちをとらえて書きましょう。
例
かんしゃくを起こすなど、葛藤する姿が育ちつつある。

7月 のまいの個人記録

友だちと関わって遊ぶことが増え、最近は砂場でのパーティごっこを3、4人で楽しんでいる。「おめでとう」「これはプレゼント」などとパーティらしいおしゃべりをする。パーティごっこではいろいろな食材を準備しているが、ふだんまいが嫌いで食べない「カレー」や「ハンバーグ」なども含め、たくさんの料理名を知っていることに驚く。

2歳児として、どのように関わっているのか、具体的に書きましょう。

何を楽しんでいるのか、具体的に書きましょう。

この場面の環境構成について、もっと具体的に書きましょう。

1期 のまいの経過記録

1歳児から入園し、2年目を迎え園生活にはすっかり慣れてきた。進級当初は少し緊張しており、保育者のそばで過ごすことが多かった。好きなおもちゃを持ってきて砂場遊びをしたり、三輪車やボールなどで友だちと一緒に遊べるようになってきた。
入園当初から好き嫌いが多く、家庭でも園でも、白ごはんしか食べない姿が見られる。家庭では、菓子パンや菓子を与えているとのことで、何度か懇談を行い「おなかがすいた」という状況をつくって様子を見てほしいと伝えた。給食を食べるテーブルには、わかりやすい食材（ごはん、トマト、キュウリ、にんじん、魚など）の写真を貼り、今日はこれ食べた、と言えるようにしたところ、少しずつ食に対する興味がわいてきたようである。

どのようなおもちゃか、具体的に書きます。

記録が食事中心になっています。今、何が育ちつつあるのかを考えて書きましょう。

2歳児の記録・文例

健康

「健康」の領域をとらえた記録の例です。子どものどのような姿に着目し、どうとらえるのか、「幼保連携型認定こども園教育・保育要領第2章　第2　健康」を確認しながら理解しましょう。

〔健康な心と体を育て、自ら健康で安全な生活をつくり出す力を養う。〕
1　ねらい
(1)明るく伸び伸びと生活し、自分から体を動かすことを楽しむ。
(2)自分の体を十分に動かし、様々な動きをしようとする。
(3)健康、安全な生活に必要な習慣に気付き、自分でしてみようとする気持ちが育つ。

幼保連携型認定こども園教育・保育要領　第2章　第2　健康 より抜粋

※内容は、巻末資料122ページ参照

文例

自分の好きな遊びを伸び伸びと楽しみながら、充実して過ごしている。
場面16・問47の記録例

トイレトレーニングを始めた。はじめのうちは失敗が多かったが、次第に「おしっこがしたい」という感覚がわかるようになり、自分から保育者に「トイレに行く」と言えるようになっている。
場面17・問53の記録例

友だちと砂場でパーティごっこを楽しむ。砂をプリンカップに入れたり、葉っぱを飾ったりしながら、集中して遊びに取り組んでいる。
場面18・問59の記録例

風邪をひいて1週間休んだが、休み明けは元気に登園し、泣かずに母親と離れることができた。

園庭で3歳児と一緒に、追いかけっこなどの集団遊びを楽しんでいる。これまで絵本や人形遊びなどを好んでいたが、体を動かす遊びにも興味を示し、走って息を切らせながら楽しく取り組んでいる。

好き嫌いが多かったが、次第に食べられる量も増え、食事時間を楽しめるようになった。料理を指さし、「これ、にんじん?」「たまねぎ?」などと言い、保育者がクイズ形式で「なーんだ?」と聞くとうれしそうに答える。

Let's work!

イラストから、自分の経験の中で似ている場面を思い浮かべ、
「健康」の視点で記録を書いてみましょう。

問65

記録例111ページ

問66

記録例111ページ

2歳児の記録・文例

「人間関係」の領域をとらえた記録の例です。子どものどのような姿に着目し、どうとらえるのか、「幼保連携型認定こども園教育・保育要領　第2章　第2　人間関係」を確認しながら理解しましょう。

〔他の人々と親しみ、支え合って生活するために、自立心を育て、人と関わる力を養う。〕
1　ねらい
(1)幼保連携型認定こども園での生活を楽しみ、身近な人と関わる心地よさを感じる。
(2)周囲の園児等への興味・関心が高まり、関わりをもとうとする。
(3)幼保連携型認定こども園の生活の仕方に慣れ、きまりの大切さに気付く。

幼保連携型認定こども園教育・保育要領　第2章　第2　人間関係 より抜粋

※内容は、巻末資料123ページ参照

文例

保護者や信頼する保育者にしてもらってうれしかったことのまねをして、人形を寝かしつけたり、食事を食べさせたりしている。

場面16・問48の記録例

衣服の着脱やトイレなど、自分で取り組み「できた」という場面では、信頼する保育者に一緒に喜んでもらいたいと伝える姿がある。

場面17・問54の記録例

これまで一人遊びが多かったが、しだいに友だちと関わりながら遊ぶ姿が見られる。砂場でのパーティごっこでは、友だちと共通のイメージをもちながら遊んでいる。

場面18・問60の記録例

積み木を高く積み上げようとしているが、まっすぐ積まないとすぐに倒れてしまうことに気づき、友だちにやり方を教えている。少しきつい言い方をしたり、思いどおりにしてくれないと、かんしゃくを起こしてしまう。

夕方の保育では、年上の子どもたちに混じってカードゲームに参加している。年上の子どもに憧れの気持ちがあるようで、負けてもかんしゃくを起こさず、やり方をよく見てまねをしようとする。

イラストから、自分の経験の中で似ている場面を思い浮かべ、
「人間関係」の視点で記録を書いてみましょう。

問67

記録例111ページ

問68

記録例111ページ

2歳児の記録・文例

「環境」の領域をとらえた記録の例です。子どものどのような姿に着目し、どうとらえるのか、「幼保連携型認定こども園教育・保育要領　第2章　第2　環境」を確認しながら理解しましょう。

〔周囲の様々な環境に好奇心や探究心をもって関わり、それらを生活に取り入れていこうとする力を養う。〕
1　ねらい
(1)身近な環境に親しみ、触れ合う中で、様々なものに興味や関心をもつ。
(2)様々なものに関わる中で、発見を楽しんだり、考えたりしようとする。
(3)見る、聞く、触るなどの経験を通して、感覚の働きを豊かにする。

幼保連携型認定こども園教育・保育要領　第2章　第2　環境 より抜粋

※内容は、巻末資料123ページ参照

文例

保育室にあるままごと道具や布などを自由に使いながら、人形の世話をする遊びを楽しんでいる。　　　場面16・問49の記録例

トイレの場所がわかり、自分からトイレに行こうとする。　場面17・問55の記録例

砂場でのごっこ遊びを、そこにあるものを使って楽しんでいる。
場面18・問61の記録例

誕生日の月ごとに子どもの顔写真を壁に貼っているが、自分の写真を見つけ、「あった」と喜ぶ。

絵本の棚から絵本を取り出した時、その弾みでほかの本が床に落ちてしまった。自分の取り出した絵本を置き、落ちた本を棚に戻している。

園庭でボール遊びをしていたが、ふと自分の影に気づき、じっと見ている。手を動かすと影の手も動くことに気づいている。

園庭の木の枝が大きくゆれているのを見て、「台風だ」と言う。風の力で木の枝が揺れることに気づいている。

Let's work!

イラストから、自分の経験の中で似ている場面を思い浮かべ、
「環境」の視点で記録を書いてみましょう。

問69

記録例111ページ

問70

記録例111ページ

2歳児の記録・文例

言葉

「言葉」の領域をとらえた記録の例です。子どものどのような姿に着目し、どうとらえるのか、「幼保連携型認定こども園教育・保育要領　第2章　第2　言葉」を確認しながら理解しましょう。

〔経験したことや考えたことなどを自分なりの言葉で表現し、相手の話す言葉を聞こうとする意欲や態度を育て、言葉に対する感覚や言葉で表現する力を養う。〕

1　ねらい
(1)言葉遊びや言葉で表現する楽しさを感じる。
(2)人の言葉や話などを聞き、自分でも思ったことを伝えようとする。
(3)絵本や物語等に親しむとともに、言葉のやり取りを通じて身近な人と気持ちを通わせる。

幼保連携型認定こども園教育・保育要領　第2章　第2　言葉 より抜粋

※内容は、巻末資料124ページ参照

文例

人形遊びでは、「もうねんねの時間ですよ」「ごはん、いっぱい食べなさい」などと、自分が保護者からふだんかけられている言葉をまねして使っている。

場面16・問50の記録例

おしっこがしたくなると、保育者に「トイレに行く」と言葉で伝えることができる。

場面17・問56の記録例

砂場遊びの場面では、「ハンバーグ」と料理名を言ったり、「おいしいよ」と会話をしたりなど、言葉のやりとりを楽しむ姿がある。　場面18・問62の記録例

お気に入りの絵本があり、いつもそれを広げて見ている。文字は読めないが、話の内容は覚えていて、読み聞かせをするように保育者に内容を教えてくれる。

友だちと3人で遊んでいたが、2人だけで遊びたかったらしく、もう1人の子どもに「一緒に遊ばない」と言って泣かせてしまった。

Let's work!

イラストから、自分の経験の中で似ている場面を思い浮かべ、
「言葉」の視点で記録を書いてみましょう。

問71

記録例112ページ

問72

記録例112ページ

２歳児の記録・文例

表現

「表現」の領域をとらえた記録の例です。子どものどのような姿に着目し、どうとらえるのか、「幼保連携型認定こども園教育・保育要領　第2章　第2　表現」を確認しながら理解しましょう。

〔感じたことや考えたことを自分なりに表現することを通して、豊かな感性や表現する力を養い、創造性を豊かにする。〕

1　ねらい

(1)身体の諸感覚の経験を豊かにし、様々な感覚を味わう。

(2)感じたことや考えたことなどを自分なりに表現しようとする。

(3)生活や遊びの様々な体験を通して、イメージや感性が豊かになる。

幼保連携型認定こども園教育・保育要領　第2章　第2　表現 より抜粋

※内容は、巻末資料124ページ参照

文例

人形遊びでは、布を布団に見立てて人形にかけたり、チェーンリングをごはんに見立てて人形に食べさせている。　　　　　場面16・問51の記録例

自分でズボンをはこうとするが、うまくいかずくやしい気持ちをかんしゃくを起こすことで表現している。　　　　　場面17・問57の記録例

砂をカップや皿に入れ、料理に見立てている。　　　　　場面18・問63の記録例

黄色い落ち葉だけを集めてカップに入れ、スプーンでグルグルとかき混ぜて、保育者に「カレー食べますか？」と言う。

マラカスを使ってリズム遊びをしたが、保育者と同じリズムはとらず、一人でガシャガシャとマラカスを振って大笑いする。

ビニール袋にマーカーで絵を描いてたこを作った。描いている途中でビニールが破れてしまい、泣いていたが、友だちが自分で作ったたこをあげているのを見て、思い直してもう一度、作り直した。

イラストから、自分の経験の中で似ている場面を思い浮かべ、
「表現」の視点で記録を書いてみましょう。

問73

記録例112ページ

問74

記録例112ページ

2歳児の記録・文例

3つの資質・能力

「思考力、判断力、表現力等の基礎」「知識及び技能の基礎」「学びに向かう力、人間性等」の視点でとらえた記録の例です。子どもができるようになったり、遊びに工夫が見られるようになっていく過程をとらえると、どのような記録になるのかを確認しましょう。

文例

人形遊びを通して、生活の様々な場面を再現しながら、自分の思いを表現している。
場面16・問52の記録例（思考力、判断力、表現力等の基礎）

衣服の着脱を、失敗しながらも自分でしようという意欲が育ちつつある。
場面17・問58の記録例（学びに向かう力、人間性等）

友だちと共通のイメージをもち、言葉のやりとりを重ねながら遊びを発展させていく力が育ちつつある。場面18・問64の記録例（思考力、判断力、表現力等の基礎）

水、泥、砂などの感触を味わい、楽しみながら、「もっとやりたい」という意欲が育ちつつある。（学びに向かう力、人間性等）

様々な食材に興味をもち、苦手な食材も一口だけ食べてみようとするなど、食の経験の幅を広げつつある。（知識及び技能の基礎）

生活の流れがわかり、言われなくても食事の前に手を洗いに行こうとするなど主体的に行動しようとする姿が見られる。（知識及び技能の基礎）

問65〜74　記録例

問65

うがいや手洗いの仕方を教え、洗面台の前に表示した。それをくり返し見ながらまねをしつつ、一人でじょうずに手を洗っている。

問66

積み木を積もうと何回も試みる。ようやく3個積み重ねることができ、保育者に「できた」とニッコリしながら伝えにきた。

問67

運動会で経験したかけっこを、園庭でくり返して遊ぶ。友だちと一緒に走ることを楽しんでいる。

問68

ままごと遊びでは、友だちが背中に人形を背負っているのを見て、自分もまねをしたくなる。保育者に「おんぶしたい」と頼み、別の人形を背負わせてもらいまねをして喜ぶ姿が見られる。

問69

「もうすぐごはんだから片づけよう」と言うと、素直に片づける。ままごと道具、人形などそれぞれの片づけ場所を覚えており、きちんと戻すことができる。

問70

保育室のカーテンを変えたところ、登園してすぐに気づき「あ、カーテン」と言いながら窓辺にかけ寄り、さわったりながめたりする。

問71

食べ物の名前に興味をもち、シチューに入っている食材に指をさしながら、「これ、にんじん?」「たまねぎ?」などと食材の名前を保育者にたずねる。

問72

友だちとけんかになり、相手が泣き出すと驚く。「だって、○○ちゃんが」と自分も泣きながら理由を説明しようとする。

問73

「これはお父さん、これはお母さん」などと、イメージをふくらませながらクレヨンで絵を描く。

問74

クリスマスを前に保育者がサンタクロースの話をすると、「赤い服を着ているんだよね」「うちにも来るよ」などと言いながら、うなずく姿が見られる。

資料

保育所保育指針（第2章　保育の内容）抜粋

幼保連携型認定こども園教育・保育要領
（第2章　ねらい及び内容並びに配慮事項）抜粋

保育所保育指針

第2章　保育の内容

この章に示す「ねらい」は、第1章の1の⑵に示された保育の目標をより具体化したものであり、子どもが保育所において、安定した生活を送り、充実した活動ができるように、保育を通じて育みたい資質・能力を、子どもの生活する姿から捉えたものである。また、「内容」は、「ねらい」を達成するために、子どもの生活やその状況に応じて保育士等が適切に行う事項と、保育士等が援助して子どもが環境に関わって経験する事項を示したものである。

保育における「養護」とは、子どもの生命の保持及び情緒の安定を図るために保育士等が行う援助や関わりであり、「教育」とは、子どもが健やかに成長し、その活動がより豊かに展開されるための発達の援助である。本章では、保育士等が、「ねらい」及び「内容」を具体的に把握するため、主に教育に関わる側面からの視点を示しているが、実際の保育においては、養護と教育が一体となって展開されることに留意する必要がある。

1　乳児保育に関わるねらい及び内容

⑴　基本的事項

ア　乳児期の発達については、視覚、聴覚などの感覚や、座る、はう、歩くなどの運動機能が著しく発達し、特定の大人との応答的な関わりを通じて、情緒的な絆（きずな）が形成されるといった特徴がある。これらの発達の特徴を踏まえて、乳児保育は、愛情豊かに、応答的に行われることが特に必要である。

イ　本項においては、この時期の発達の特徴を踏まえ、乳児保育の「ねらい」及び「内容」については、身体的発達に関する視点「健やかに伸び伸びと育つ」、社会的発達に関する視点「身近な人と気持ちが通じ合う」及び精神的発達に関する視点「身近なものと関わり感性が育つ」としてまとめ、示している。

ウ　本項の各視点において示す保育の内容は、第1章の2に示された養護における「生命の保持」及び「情緒の安定」に関わる保育の内容と、一体となって展開されるものであることに留意が必要である。

⑵　ねらい及び内容

ア　健やかに伸び伸びと育つ

健康な心と体を育て、自ら健康で安全な生活をつくり出す力の基盤を培う。

㋐　ねらい

① 身体感覚が育ち、快適な環境に心地よさを感じる。
② 伸び伸びと体を動かし、はう、歩くなどの運動をしようとする。
③ 食事、睡眠等の生活のリズムの感覚が芽生える。

㋑　内容

① 保育士等の愛情豊かな受容の下で、生理的・心理的欲求を満たし、心地よく生活をする。
② 一人一人の発育に応じて、はう、立つ、歩くなど、十分に体を動かす。
③ 個人差に応じて授乳を行い、離乳を進めていく中で、様々な食品に少しずつ慣れ、食べることを楽しむ。
④ 一人一人の生活のリズムに応じて、安全な環境の下で十分に午睡をする。
⑤ おむつ交換や衣服の着脱などを通じて、清潔になることの心地よさを感じる。

㋒　内容の取扱い

上記の取扱いに当たっては、次の事項に留意する必要がある。

① 心と体の健康は、相互に密接な関連があるものであることを踏まえ、温かい触れ合いの中で、心と体の発達を促すこと。特に、寝返り、お座り、はいはい、つかまり立ち、伝い歩きなど、発育に応じて、遊びの中で体を動かす機会を十分に確保し、自ら体を動かそうとする

意欲が育つようにすること。

② 健康な心と体を育てるためには望ましい食習慣の形成が重要であることを踏まえ、離乳食が完了期へと徐々に移行する中で、様々な食品に慣れるようにするとともに、和やかな雰囲気の中で食べる喜びや楽しさを味わい、進んで食べようとする気持ちが育つようにすること。なお、食物アレルギーのある子どもへの対応については、嘱託医等の指示や協力の下に適切に対応すること。

イ 身近な人と気持ちが通じ合う

受容的・応答的な関わりの下で、何かを伝えようとする意欲や身近な大人との信頼関係を育て、人と関わる力の基盤を培う。

(ア) ねらい

① 安心できる関係の下で、身近な人と共に過ごす喜びを感じる。

② 体の動きや表情、発声等により、保育士等と気持ちを通わせようとする。

③ 身近な人と親しみ、関わりを深め、愛情や信頼感が芽生える。

(イ) 内容

① 子どもからの働きかけを踏まえた、応答的な触れ合いや言葉がけによって、欲求が満たされ、安定感をもって過ごす。

② 体の動きや表情、発声、喃語等を優しく受け止めてもらい、保育士等とのやり取りを楽しむ。

③ 生活や遊びの中で、自分の身近な人の存在に気付き、親しみの気持ちを表す。

④ 保育士等による語りかけや歌いかけ、発声や喃語等への応答を通じて、言葉の理解や発語の意欲が育つ。

⑤ 温かく、受容的な関わりを通じて、自分を肯定する気持ちが芽生える。

(ウ) 内容の取扱い

上記の取扱いに当たっては、次の事項に留意する必要がある。

① 保育士等との信頼関係に支えられて生活を確立していくことが人と関わる基盤となることを考慮して、子どもの多様な感情を受け止め、温かく受容的・応答的に関わり、一人一人に応じた適切な援助を行うようにすること。

② 身近な人に親しみをもって接し、自分の感情などを表し、それに相手が応答する言葉を聞くことを通して、次第に言葉が獲得されていくことを考慮して、楽しい雰囲気の中での保育士等との関わり合いを大切にし、ゆっくりと優しく話しかけるなど、積極的に言葉のやり取りを楽しむことができるようにすること。

ウ 身近なものと関わり感性が育つ

身近な環境に興味や好奇心をもって関わり、感じたことや考えたことを表現する力の基盤を培う。

(ア) ねらい

① 身の回りのものに親しみ、様々なものに興味や関心をもつ。

② 見る、触れる、探索するなど、身近な環境に自分から関わろうとする。

③ 身体の諸感覚による認識が豊かになり、表情や手足、体の動き等で表現する。

(イ) 内容

① 身近な生活用具、玩具や絵本などが用意された中で、身の回りのものに対する興味や好奇心をもつ。

② 生活や遊びの中で様々なものに触れ、音、形、色、手触りなどに気付き、感覚の働きを豊かにする。

③ 保育士等と一緒に様々な色彩や形のものや絵本などを見る。

④ 玩具や身の回りのものを、つまむ、つかむ、たたく、引っ張るなど、手や指を使って遊ぶ。

⑤　保育士等のあやし遊びに機嫌よく応じたり、歌やリズムに合わせて手足や体を動かして楽しんだりする。

　　(ウ)　内容の取扱い

　　　　上記の取扱いに当たっては、次の事項に留意する必要がある。

　　　①　玩具などは、音質、形、色、大きさなど子どもの発達状態に応じて適切なものを選び、その時々の子どもの興味や関心を踏まえるなど、遊びを通して感覚の発達が促されるものとなるように工夫すること。なお、安全な環境の下で、子どもが探索意欲を満たして自由に遊べるよう、身の回りのものについては、常に十分な点検を行うこと。

　　　②　乳児期においては、表情、発声、体の動きなどで、感情を表現することが多いことから、これらの表現しようとする意欲を積極的に受け止めて、子どもが様々な活動を楽しむことを通して表現が豊かになるようにすること。

(3)　保育の実施に関わる配慮事項

　ア　乳児は疾病への抵抗力が弱く、心身の機能の未熟さに伴う疾病の発生が多いことから、一人一人の発育及び発達状態や健康状態についての適切な判断に基づく保健的な対応を行うこと。

　イ　一人一人の子どもの生育歴の違いに留意しつつ、欲求を適切に満たし、特定の保育士が応答的に関わるように努めること。

　ウ　乳児保育に関わる職員間の連携や嘱託医との連携を図り、第３章に示す事項を踏まえ、適切に対応すること。栄養士及び看護師等が配置されている場合は、その専門性を生かした対応を図ること。

　エ　保護者との信頼関係を築きながら保育を進めるとともに、保護者からの相談に応じ、保護者への支援に努めていくこと。

　オ　担当の保育士が替わる場合には、子どものそれまでの生育歴や発達過程に留意し、職員間で協力して対応すること。

２　１歳以上３歳未満児の保育に関わるねらい及び内容

(1)　基本的事項

　ア　この時期においては、歩き始めから、歩く、走る、跳ぶなどへと、基本的な運動機能が次第に発達し、排泄の自立のための身体的機能も整うようになる。つまむ、めくるなどの指先の機能も発達し、食事、衣類の着脱なども、保育士等の援助の下で自分で行うようになる。発声も明瞭になり、語彙も増加し、自分の意思や欲求を言葉で表出できるようになる。このように自分でできることが増えてくる時期であることから、保育士等は、子どもの生活の安定を図りながら、自分でしようとする気持ちを尊重し、温かく見守るとともに、愛情豊かに、応答的に関わることが必要である。

　イ　本項においては、この時期の発達の特徴を踏まえ、保育の「ねらい」及び「内容」について、心身の健康に関する領域「健康」、人との関わりに関する領域「人間関係」、身近な環境との関わりに関する領域「環境」、言葉の獲得に関する領域「言葉」及び感性と表現に関する領域「表現」としてまとめ、示している。

　ウ　本項の各領域において示す保育の内容は、第１章の２に示された養護における「生命の保持」及び「情緒の安定」に関わる保育の内容と、一体となって展開されるものであることに留意が必要である。

(2)　ねらい及び内容

　ア　健康

　　　健康な心と体を育て、自ら健康で安全な生活をつくり出す力を養う。

　　(ア)　ねらい

　　　①　明るく伸び伸びと生活し、自分から体を動かすことを楽しむ。

　　　②　自分の体を十分に動かし、様々な動きをしようとする。

③　健康、安全な生活に必要な習慣に気付き、自分でしてみようとする気持ちが育つ。

(イ)　**内容**

①　保育士等の愛情豊かな受容の下で、安定感をもって生活をする。

②　食事や午睡、遊びと休息など、保育所における生活のリズムが形成される。

③　走る、跳ぶ、登る、押す、引っ張るなど全身を使う遊びを楽しむ。

④　様々な食品や調理形態に慣れ、ゆったりとした雰囲気の中で食事や間食を楽しむ。

⑤　身の回りを清潔に保つ心地よさを感じ、その習慣が少しずつ身に付く。

⑥　保育士等の助けを借りながら、衣類の着脱を自分でしようとする。

⑦　便器での排泄(せつ)に慣れ、自分で排泄(せつ)ができるようになる。

(ウ)　**内容の取扱い**

　上記の取扱いに当たっては、次の事項に留意する必要がある。

①　心と体の健康は、相互に密接な関連があるものであることを踏まえ、子どもの気持ちに配慮した温かい触れ合いの中で、心と体の発達を促すこと。特に、一人一人の発育に応じて、体を動かす機会を十分に確保し、自ら体を動かそうとする意欲が育つようにすること。

②　健康な心と体を育てるためには望ましい食習慣の形成が重要であることを踏まえ、ゆったりとした雰囲気の中で食べる喜びや楽しさを味わい、進んで食べようとする気持ちが育つようにすること。なお、食物アレルギーのある子どもへの対応については、嘱託医等の指示や協力の下に適切に対応すること。

③　排泄(せつ)の習慣については、一人一人の排尿間隔等を踏まえ、おむつが汚れていないときに便器に座らせるなどにより、少しずつ慣れさせるようにすること。

④　食事、排泄(せつ)、睡眠、衣類の着脱、身の回りを清潔にすることなど、生活に必要な基本的な習慣については、一人一人の状態に応じ、落ち着いた雰囲気の中で行うようにし、子どもが自分でしようとする気持ちを尊重すること。また、基本的な生活習慣の形成に当たっては、家庭での生活経験に配慮し、家庭との適切な連携の下で行うようにすること。

イ　**人間関係**

　他の人々と親しみ、支え合って生活するために、自立心を育て、人と関わる力を養う。

(ア)　**ねらい**

①　保育所での生活を楽しみ、身近な人と関わる心地よさを感じる。

②　周囲の子ども等への興味や関心が高まり、関わりをもとうとする。

③　保育所の生活の仕方に慣れ、きまりの大切さに気付く。

(イ)　**内容**

①　保育士等や周囲の子ども等との安定した関係の中で、共に過ごす心地よさを感じる。

②　保育士等の受容的・応答的な関わりの中で、欲求を適切に満たし、安定感をもって過ごす。

③　身の回りに様々な人がいることに気付き、徐々に他の子どもと関わりをもって遊ぶ。

④　保育士等の仲立ちにより、他の子どもとの関わり方を少しずつ身につける。

⑤　保育所の生活の仕方に慣れ、きまりがあることや、その大切さに気付く。

⑥　生活や遊びの中で、年長児や保育士等の真似をしたり、ごっこ遊びを楽しんだりする。

(ウ)　**内容の取扱い**

　上記の取扱いに当たっては、次の事項に留意する必要がある。

①　保育士等との信頼関係に支えられて生活を確立するとともに、自分で何かをしようとする気持ちが旺盛になる時期であることに鑑み、そのような子どもの気持ちを尊重し、温かく見守るとともに、愛情豊かに、応答的に関わり、適切な援助を行うようにすること。

②　思い通りにいかない場合等の子どもの不安定な感情の表出については、保育士等が受容的に受け止めるとともに、そうした気持ちから立ち直る経験や感情をコントロールすることへの気付き等につなげていけるように援助すること。

③　この時期は自己と他者との違いの認識がまだ十分ではないことから、子どもの自我の育ちを見守るとともに、保育士等が仲立ちとなって、自分の気持ちを相手に伝えることや相手の気持ちに気付くことの大切さなど、友達の気持ちや友達との関わり方を丁寧に伝えていくこと。

ウ　環境

周囲の様々な環境に好奇心や探究心をもって関わり、それらを生活に取り入れていこうとする力を養う。

(ア)　ねらい

①　身近な環境に親しみ、触れ合う中で、様々なものに興味や関心をもつ。

②　様々なものに関わる中で、発見を楽しんだり、考えたりしようとする。

③　見る、聞く、触るなどの経験を通して、感覚の働きを豊かにする。

(イ)　内容

①　安全で活動しやすい環境での探索活動等を通して、見る、聞く、触れる、嗅ぐ、味わうなどの感覚の働きを豊かにする。

②　玩具、絵本、遊具などに興味をもち、それらを使った遊びを楽しむ。

③　身の回りの物に触れる中で、形、色、大きさ、量などの物の性質や仕組みに気付く。

④　自分の物と人の物の区別や、場所的感覚など、環境を捉える感覚が育つ。

⑤　身近な生き物に気付き、親しみをもつ。

⑥　近隣の生活や季節の行事などに興味や関心をもつ。

(ウ)　内容の取扱い

上記の取扱いに当たっては、次の事項に留意する必要がある。

①　玩具などは、音質、形、色、大きさなど子どもの発達状態に応じて適切なものを選び、遊びを通して感覚の発達が促されるように工夫すること。

②　身近な生き物との関わりについては、子どもが命を感じ、生命の尊さに気付く経験へとつながるものであることから、そうした気付きを促すような関わりとなるようにすること。

③　地域の生活や季節の行事などに触れる際には、社会とのつながりや地域社会の文化への気付きにつながるものとなることが望ましいこと。その際、保育所内外の行事や地域の人々との触れ合いなどを通して行うこと等も考慮すること。

エ　言葉

経験したことや考えたことなどを自分なりの言葉で表現し、相手の話す言葉を聞こうとする意欲や態度を育て、言葉に対する感覚や言葉で表現する力を養う。

(ア)　ねらい

①　言葉遊びや言葉で表現する楽しさを感じる。

②　人の言葉や話などを聞き、自分でも思ったことを伝えようとする。

③　絵本や物語等に親しむとともに、言葉のやり取りを通じて身近な人と気持ちを通わせる。

(イ)　内容

①　保育士等の応答的な関わりや話しかけにより、自ら言葉を使おうとする。

②　生活に必要な簡単な言葉に気付き、聞き分ける。

③　親しみをもって日常の挨拶に応じる。

④　絵本や紙芝居を楽しみ、簡単な言葉を繰り返したり、模倣をしたりして遊ぶ。

⑤　保育士等とごっこ遊びをする中で、言葉のやり取りを楽しむ。

⑥　保育士等を仲立ちとして、生活や遊びの中で友達との言葉のやり取りを楽しむ。

⑦　保育士等や友達の言葉や話に興味や関心をもって、聞いたり、話したりする。

(ウ)　内容の取扱い

上記の取扱いに当たっては、次の事項に留意する必要がある。

①　身近な人に親しみをもって接し、自分の感情などを伝え、それに相手が応答し、その言葉を聞くことを通して、次第に言葉が獲得されていくものであることを考慮して、楽しい雰囲気の中で保育士等との言葉のやり取りができるようにすること。

②　子どもが自分の思いを言葉で伝えるとともに、他の子どもの話などを聞くことを通して、次第に話を理解し、言葉による伝え合いができるようになるよう、気持ちや経験等の言語化を行うことを援助するなど、子ども同士の関わりの仲立ちを行うようにすること。

③　この時期は、片言から、二語文、ごっこ遊びでのやり取りができる程度へと、大きく言葉の習得が進む時期であることから、それぞれの子どもの発達の状況に応じて、遊びや関わりの工夫など、保育の内容を適切に展開することが必要であること。

オ　表現

感じたことや考えたことを自分なりに表現することを通して、豊かな感性や表現する力を養い、創造性を豊かにする。

(ア)　ねらい

①　身体の諸感覚の経験を豊かにし、様々な感覚を味わう。

②　感じたことや考えたことなどを自分なりに表現しようとする。

③　生活や遊びの様々な体験を通して、イメージや感性が豊かになる。

(イ)　内容

①　水、砂、土、紙、粘土など様々な素材に触れて楽しむ。

②　音楽、リズムやそれに合わせた体の動きを楽しむ。

③　生活の中で様々な音、形、色、手触り、動き、味、香りなどに気付いたり、感じたりして楽しむ。

④　歌を歌ったり、簡単な手遊びや全身を使う遊びを楽しんだりする。

⑤　保育士等からの話や、生活や遊びの中での出来事を通して、イメージを豊かにする。

⑥　生活や遊びの中で、興味のあることや経験したことなどを自分なりに表現する。

(ウ)　内容の取扱い

上記の取扱いに当たっては、次の事項に留意する必要がある。

①　子どもの表現は、遊びや生活の様々な場面で表出されているものであることから、それらを積極的に受け止め、様々な表現の仕方や感性を豊かにする経験となるようにすること。

②　子どもが試行錯誤しながら様々な表現を楽しむことや、自分の力でやり遂げる充実感などに気付くよう、温かく見守るとともに、適切に援助を行うようにすること。

③　様々な感情の表現等を通じて、子どもが自分の感情や気持ちに気付くようになる時期であることに鑑み、受容的な関わりの中で自信をもって表現をすることや、諦めずに続けた後の達成感等を感じられるような経験が蓄積されるようにすること。

④　身近な自然や身の回りの事物に関わる中で、発見や心が動く経験が得られるよう、諸感覚を働かせることを楽しむ遊びや素材を用意するなど保育の環境を整えること。

(3)　保育の実施に関わる配慮事項

ア　特に感染症にかかりやすい時期であるので、体の状態、機嫌、食欲などの日常の状態の観察を十分に行うとともに、適切な判断に基づく保健的な対応を心がけること。

イ　探索活動が十分できるように、事故防止に努めながら活動しやすい環境を整え、全身を使う遊びなど様々な遊びを取り入れること。

ウ　自我が形成され、子どもが自分の感情や気持ちに気付くようになる重要な時期であることに鑑み、情緒の安定を図りながら、子どもの自発的な活動を尊重するとともに促していくこと。

エ　担当の保育士が替わる場合には、子どものそれまでの経験や発達過程に留意し、職員間で協力して対応すること。

幼保連携型認定こども園教育・保育要領

第2章　ねらい及び内容並びに配慮事項

　この章に示すねらいは、幼保連携型認定こども園の教育及び保育において育みたい資質・能力を園児の生活する姿から捉えたものであり、内容は、ねらいを達成するために指導する事項である。各視点や領域は、この時期の発達の特徴を踏まえ、教育及び保育のねらい及び内容を乳幼児の発達の側面から、乳児は三つの視点として、幼児は五つの領域としてまとめ、示したものである。内容の取扱いは、園児の発達を踏まえた指導を行うに当たって留意すべき事項である。

　各視点や領域に示すねらいは、幼保連携型認定こども園における生活の全体を通じ、園児が様々な体験を積み重ねる中で相互に関連をもちながら次第に達成に向かうものであること、内容は、園児が環境に関わって展開する具体的な活動を通して総合的に指導されるものであることに留意しなければならない。

　また、「幼児期の終わりまでに育ってほしい姿」が、ねらい及び内容に基づく活動全体を通して資質・能力が育まれている園児の幼保連携型認定こども園修了時の具体的な姿であることを踏まえ、指導を行う際に考慮するものとする。

　なお、特に必要な場合には、各視点や領域に示すねらいの趣旨に基づいて適切な、具体的な内容を工夫し、それを加えても差し支えないが、その場合には、それが第1章の第1に示す幼保連携型認定こども園の教育及び保育の基本及び目標を逸脱しないよう慎重に配慮する必要がある。

第1　乳児期の園児の保育に関するねらい及び内容

基本的事項

1　乳児期の発達については、視覚、聴覚などの感覚や、座る、はう、歩くなどの運動機能が著しく発達し、特定の大人との応答的な関わりを通じて、情緒的な絆が形成されるといった特徴がある。これらの発達の特徴を踏まえて、乳児期の園児の保育は、愛情豊かに、応答的に行われることが特に必要である。

2　本項においては、この時期の発達の特徴を踏まえ、乳児期の園児の保育のねらい及び内容については、身体的発達に関する視点「健やかに伸び伸びと育つ」、社会的発達に関する視点「身近な人と気持ちが通じ合う」及び精神的発達に関する視点「身近なものと関わり感性が育つ」としてまとめ、示している。

ねらい及び内容

健やかに伸び伸びと育つ

〔健康な心と体を育て、自ら健康で安全な生活をつくり出す力の基盤を培う。〕

1　ねらい
　⑴　身体感覚が育ち、快適な環境に心地よさを感じる。
　⑵　伸び伸びと体を動かし、はう、歩くなどの運動をしようとする。
　⑶　食事、睡眠等の生活のリズムの感覚が芽生える。

2　内容
　⑴　保育教諭等の愛情豊かな受容の下で、生理的・心理的欲求を満たし、心地よく生活をする。
　⑵　一人一人の発育に応じて、はう、立つ、歩くなど、十分に体を動かす。
　⑶　個人差に応じて授乳を行い、離乳を進めていく中で、様々な食品に少しずつ慣れ、食べることを楽しむ。
　⑷　一人一人の生活のリズムに応じて、安全な環境の下で十分に午睡をする。
　⑸　おむつ交換や衣服の着脱などを通じて、清潔になることの心地よさを感じる。

3　内容の取扱い
　　上記の取扱いに当たっては、次の事項に留意する必要がある。
　⑴　心と体の健康は、相互に密接な関連があるものであることを踏まえ、温かい触れ合いの中で、

心と体の発達を促すこと。特に、寝返り、お座り、はいはい、つかまり立ち、伝い歩きなど、発育に応じて、遊びの中で体を動かす機会を十分に確保し、自ら体を動かそうとする意欲が育つようにすること。

(2) 健康な心と体を育てるためには望ましい食習慣の形成が重要であることを踏まえ、離乳食が完了期へと徐々に移行する中で、様々な食品に慣れるようにするとともに、和やかな雰囲気の中で食べる喜びや楽しさを味わい、進んで食べようとする気持ちが育つようにすること。なお、食物アレルギーのある園児への対応については、学校医等の指示や協力の下に適切に対応すること。

身近な人と気持ちが通じ合う

〔受容的・応答的な関わりの下で、何かを伝えようとする意欲や身近な大人との信頼関係を育て、人と関わる力の基盤を培う。〕

1　ねらい

(1) 安心できる関係の下で、身近な人と共に過ごす喜びを感じる。

(2) 体の動きや表情、発声等により、保育教諭等と気持ちを通わせようとする。

(3) 身近な人と親しみ、関わりを深め、愛情や信頼感が芽生える。

2　内容

(1) 園児からの働き掛けを踏まえた、応答的な触れ合いや言葉掛けによって、欲求が満たされ、安定感をもって過ごす。

(2) 体の動きや表情、発声、喃語等を優しく受け止めてもらい、保育教諭等とのやり取りを楽しむ。

(3) 生活や遊びの中で、自分の身近な人の存在に気付き、親しみの気持ちを表す。

(4) 保育教諭等による語り掛けや歌い掛け、発声や喃語等への応答を通じて、言葉の理解や発語の意欲が育つ。

(5) 温かく、受容的な関わりを通じて、自分を肯定する気持ちが芽生える。

3　内容の取扱い

上記の取扱いに当たっては、次の事項に留意する必要がある。

(1) 保育教諭等との信頼関係に支えられて生活を確立していくことが人と関わる基盤となることを考慮して、園児の多様な感情を受け止め、温かく受容的・応答的に関わり、一人一人に応じた適切な援助を行うようにすること。

(2) 身近な人に親しみをもって接し、自分の感情などを表し、それに相手が応答する言葉を聞くことを通して、次第に言葉が獲得されていくことを考慮して、楽しい雰囲気の中での保育教諭等との関わり合いを大切にし、ゆっくりと優しく話し掛けるなど、積極的に言葉のやり取りを楽しむことができるようにすること。

身近なものと関わり感性が育つ

〔身近な環境に興味や好奇心をもって関わり、感じたことや考えたことを表現する力の基盤を培う。〕

1　ねらい

(1) 身の回りのものに親しみ、様々なものに興味や関心をもつ。

(2) 見る、触れる、探索するなど、身近な環境に自分から関わろうとする。

(3) 身体の諸感覚による認識が豊かになり、表情や手足、体の動き等で表現する。

2　内容

(1) 身近な生活用具、玩具や絵本などが用意された中で、身の回りのものに対する興味や好奇心をもつ。

(2) 生活や遊びの中で様々なものに触れ、音、形、色、手触りなどに気付き、感覚の働きを豊かにする。

(3) 保育教諭等と一緒に様々な色彩や形のものや絵本などを見る。

(4) 玩具や身の回りのものを、つまむ、つかむ、たたく、引っ張るなど、手や指を使って遊ぶ。

(5) 保育教諭等のあやし遊びに機嫌よく応じたり、歌やリズムに合わせて手足や体を動かして楽しんだりする。

3　内容の取扱い

上記の取扱いに当たっては、次の事項に留意する必要がある。

(1) 玩具などは、音質、形、色、大きさなど園児の発達状態に応じて適切なものを選び、その時々の園児の興味や関心を踏まえるなど、遊びを通して感覚の発達が促されるものとなるように工夫すること。なお、安全な環境の下で、園児が探索意欲を満たして自由に遊べるよう、身の回りのものについては常に十分な点検を行うこと。

(2) 乳児期においては、表情、発声、体の動きなどで、感情を表現することが多いことから、これらの表現しようとする意欲を積極的に受け止めて、園児が様々な活動を楽しむことを通して表現が豊かになるようにすること。

第2　満1歳以上満3歳未満の園児の保育に関するねらい及び内容

基本的事項

1　この時期においては、歩き始めから、歩く、走る、跳ぶなどへと、基本的な運動機能が次第に発達し、排泄（せつ）の自立のための身体的機能も整うようになる。つまむ、めくるなどの指先の機能も発達し、食事、衣類の着脱なども、保育教諭等の援助の下で自分で行うようになる。発声も明瞭になり、語彙も増加し、自分の意思や欲求を言葉で表出できるようになる。このように自分でできることが増えてくる時期であることから、保育教諭等は、園児の生活の安定を図りながら、自分でしようとする気持ちを尊重し、温かく見守るとともに、愛情豊かに、応答的に関わることが必要である。

2　本項においては、この時期の発達の特徴を踏まえ、保育のねらい及び内容について、心身の健康に関する領域「健康」、人との関わりに関する領域「人間関係」、身近な環境との関わりに関する領域「環境」、言葉の獲得に関する領域「言葉」及び感性と表現に関する領域「表現」としてまとめ、示している。

ねらい及び内容

健康

〔健康な心と体を育て、自ら健康で安全な生活をつくり出す力を養う。〕

1　ねらい

(1) 明るく伸び伸びと生活し、自分から体を動かすことを楽しむ。

(2) 自分の体を十分に動かし、様々な動きをしようとする。

(3) 健康、安全な生活に必要な習慣に気付き、自分でしてみようとする気持ちが育つ。

2　内容

(1) 保育教諭等の愛情豊かな受容の下で、安定感をもって生活をする。

(2) 食事や午睡、遊びと休息など、幼保連携型認定こども園における生活のリズムが形成される。

(3) 走る、跳ぶ、登る、押す、引っ張るなど全身を使う遊びを楽しむ。

(4) 様々な食品や調理形態に慣れ、ゆったりとした雰囲気の中で食事や間食を楽しむ。

(5) 身の回りを清潔に保つ心地よさを感じ、その習慣が少しずつ身に付く。

(6) 保育教諭等の助けを借りながら、衣類の着脱を自分でしようとする。

(7) 便器での排泄（せつ）に慣れ、自分で排泄（せつ）ができるようになる。

3　内容の取扱い

上記の取扱いに当たっては、次の事項に留意する必要がある。

(1) 心と体の健康は、相互に密接な関連があるものであることを踏まえ、園児の気持ちに配慮した温かい触れ合いの中で、心と体の発達を促すこと。特に、一人一人の発育に応じて、体を動かす機会を十分に確保し、自ら体を動かそうとする意欲が育つようにすること。

(2) 健康な心と体を育てるためには望ましい食習慣の形成が重要であることを踏まえ、ゆったりとした雰囲気の中で食べる喜びや楽しさを味わい、進んで食べようとする気持ちが育つようにすること。なお、食物アレルギーのある園児への対応については、学校医等の指示や協力の下に適切に対応すること。

(3) 排泄の習慣については、一人一人の排尿間隔等を踏まえ、おむつが汚れていないときに便器に座らせるなどにより、少しずつ慣れさせるようにすること。

(4) 食事、排泄、睡眠、衣類の着脱、身の回りを清潔にすることなど、生活に必要な基本的な習慣については、一人一人の状態に応じ、落ち着いた雰囲気の中で行うようにし、園児が自分でしようとする気持ちを尊重すること。また、基本的な生活習慣の形成に当たっては、家庭での生活経験に配慮し、家庭との適切な連携の下で行うようにすること。

人間関係

〔他の人々と親しみ、支え合って生活するために、自立心を育て、人と関わる力を養う。〕

1 ねらい

(1) 幼保連携型認定こども園での生活を楽しみ、身近な人と関わる心地よさを感じる。

(2) 周囲の園児等への興味・関心が高まり、関わりをもとうとする。

(3) 幼保連携型認定こども園の生活の仕方に慣れ、きまりの大切さに気付く。

2 内容

(1) 保育教諭等や周囲の園児等との安定した関係の中で、共に過ごす心地よさを感じる。

(2) 保育教諭等の受容的・応答的な関わりの中で、欲求を適切に満たし、安定感をもって過ごす。

(3) 身の回りに様々な人がいることに気付き、徐々に他の園児と関わりをもって遊ぶ。

(4) 保育教諭等の仲立ちにより、他の園児との関わり方を少しずつ身につける。

(5) 幼保連携型認定こども園の生活の仕方に慣れ、きまりがあることや、その大切さに気付く。

(6) 生活や遊びの中で、年長児や保育教諭等の真似をしたり、ごっこ遊びを楽しんだりする。

3 内容の取扱い

上記の取扱いに当たっては、次の事項に留意する必要がある。

(1) 保育教諭等との信頼関係に支えられて生活を確立するとともに、自分で何かをしようとする気持ちが旺盛になる時期であることに鑑み、そのような園児の気持ちを尊重し、温かく見守るとともに、愛情豊かに、応答的に関わり、適切な援助を行うようにすること。

(2) 思い通りにいかない場合等の園児の不安定な感情の表出については、保育教諭等が受容的に受け止めるとともに、そうした気持ちから立ち直る経験や感情をコントロールすることへの気付き等につなげていけるように援助すること。

(3) この時期は自己と他者との違いの認識がまだ十分ではないことから、園児の自我の育ちを見守るとともに、保育教諭等が仲立ちとなって、自分の気持ちを相手に伝えることや相手の気持ちに気付くことの大切さなど、友達の気持ちや友達との関わり方を丁寧に伝えていくこと。

環境

〔周囲の様々な環境に好奇心や探究心をもって関わり、それらを生活に取り入れていこうとする力を養う。〕

1 ねらい

(1) 身近な環境に親しみ、触れ合う中で、様々なものに興味や関心をもつ。

(2) 様々なものに関わる中で、発見を楽しんだり、考えたりしようとする。

(3) 見る、聞く、触るなどの経験を通して、感覚の働きを豊かにする。

2 内容

(1) 安全で活動しやすい環境での探索活動等を通して、見る、聞く、触れる、嗅ぐ、味わうなどの感覚の働きを豊かにする。

(2) 玩具、絵本、遊具などに興味をもち、それらを使った遊びを楽しむ。

(3) 身の回りの物に触れる中で、形、色、大きさ、量などの物の性質や仕組みに気付く。

(4) 自分の物と人の物の区別や、場所的感覚など、環境を捉える感覚が育つ。

(5) 身近な生き物に気付き、親しみをもつ。

(6) 近隣の生活や季節の行事などに興味や関心をもつ。

3 内容の取扱い

上記の取扱いに当たっては、次の事項に留意する必要がある。

(1) 玩具などは、音質、形、色、大きさなど園児の発達状態に応じて適切なものを選び、遊びを通して感覚の発達が促されるように工夫すること。

(2) 身近な生き物との関わりについては、園児が命を感じ、生命の尊さに気付く経験へとつながるものであることから、そうした気付きを促すような関わりとなるようにすること。

(3) 地域の生活や季節の行事などに触れる際には、社会とのつながりや地域社会の文化への気付きにつながるものとなることが望ましいこと。その際、幼保連携型認定こども園内外の行事や地域の人々との触れ合いなどを通して行うこと等も考慮すること。

言葉

〔経験したことや考えたことなどを自分なりの言葉で表現し、相手の話す言葉を聞こうとする意欲や態度を育て、言葉に対する感覚や言葉で表現する力を養う。〕

1 ねらい

(1) 言葉遊びや言葉で表現する楽しさを感じる。

(2) 人の言葉や話などを聞き、自分でも思ったことを伝えようとする。

(3) 絵本や物語等に親しむとともに、言葉のやり取りを通じて身近な人と気持ちを通わせる。

2 内容

(1) 保育教諭等の応答的な関わりや話し掛けにより、自ら言葉を使おうとする。

(2) 生活に必要な簡単な言葉に気付き、聞き分ける。

(3) 親しみをもって日常の挨拶に応じる。

(4) 絵本や紙芝居を楽しみ、簡単な言葉を繰り返したり、模倣をしたりして遊ぶ。

(5) 保育教諭等とごっこ遊びをする中で、言葉のやり取りを楽しむ。

(6) 保育教諭等を仲立ちとして、生活や遊びの中で友達との言葉のやり取りを楽しむ。

(7) 保育教諭等や友達の言葉や話に興味や関心をもって、聞いたり、話したりする。

3 内容の取扱い

上記の取扱いに当たっては、次の事項に留意する必要がある。

(1) 身近な人に親しみをもって接し、自分の感情などを伝え、それに相手が応答し、その言葉を聞くことを通して、次第に言葉が獲得されていくものであることを考慮して、楽しい雰囲気の中で保育教諭等との言葉のやり取りができるようにすること。

(2) 園児が自分の思いを言葉で伝えるとともに、他の園児の話などを聞くことを通して、次第に話を理解し、言葉による伝え合いができるようになるよう、気持ちや経験等の言語化を行うことを援助するなど、園児同士の関わりの仲立ちを行うようにすること。

(3) この時期は、片言から、二語文、ごっこ遊びでのやり取りができる程度へと、大きく言葉の習得が進む時期であることから、それぞれの園児の発達の状況に応じて、遊びや関わりの工夫など、保育の内容を適切に展開することが必要であること。

表現

〔感じたことや考えたことを自分なりに表現することを通して、豊かな感性や表現する力を養い、創造性を豊かにする。〕

1 ねらい

(1) 身体の諸感覚の経験を豊かにし、様々な感覚を味わう。

(2) 感じたことや考えたことなどを自分なりに表現しようとする。

⑶　生活や遊びの様々な体験を通して、イメージや感性が豊かになる。

2　内容

⑴　水、砂、土、紙、粘土など様々な素材に触れて楽しむ。

⑵　音楽、リズムやそれに合わせた体の動きを楽しむ。

⑶　生活の中で様々な音、形、色、手触り、動き、味、香りなどに気付いたり、感じたりして楽しむ。

⑷　歌を歌ったり、簡単な手遊びや全身を使う遊びを楽しんだりする。

⑸　保育教諭等からの話や、生活や遊びの中での出来事を通して、イメージを豊かにする。

⑹　生活や遊びの中で、興味のあることや経験したことなどを自分なりに表現する。

3　内容の取扱い

　上記の取扱いに当たっては、次の事項に留意する必要がある。

⑴　園児の表現は、遊びや生活の様々な場面で表出されているものであることから、それらを積極的に受け止め、様々な表現の仕方や感性を豊かにする経験となるようにすること。

⑵　園児が試行錯誤しながら様々な表現を楽しむことや、自分の力でやり遂げる充実感などに気付くよう、温かく見守るとともに、適切に援助を行うようにすること。

⑶　様々な感情の表現等を通じて、園児が自分の感情や気持ちに気付くようになる時期であることに鑑み、受容的な関わりの中で自信をもって表現をすることや、諦めずに続けた後の達成感等を感じられるような経験が蓄積されるようにすること。

⑷　身近な自然や身の回りの事物に関わる中で、発見や心が動く経験が得られるよう、諸感覚を働かせることを楽しむ遊びや素材を用意するなど保育の環境を整えること。

資料

監修
無藤 隆 (むとう・たかし)

白梅学園大学名誉教授。専門は発達心理学・教育心理学。「幼小接続会議」座長のほか、文部科学省中央教育審議会委員などを歴任。著書に『幼児期の終わりまでに育ってほしい10の姿』（編著、東洋館出版）、『イラストで読む！ 幼稚園教育要領 保育所保育指針 幼保連携型認定こども園教育・保育要領はやわかりBOOK』（編者、学陽書房）などがある。

編著
大方美香 (おおがた・みか)

大阪総合保育大学大学院教授。専門は保育学・乳幼児教育学。子育てサロンぷらんこを主催し、子育て支援の実践にも携わる。著書に『新・基本保育シリーズ15 乳児保育Ⅰ・Ⅱ』（共編集）、『子どもの育ちが見える「要録」作成のポイント ―幼稚園、保育所、認定こども園対応』『事例で学ぶ「要録」の書き方ガイド ―幼稚園、保育所、認定こども園対応』（共著）、『失敗から学ぶ 保護者とのコミュニケーション』（編著、いずれも中央法規）などがある。

協力

社会福祉法人ゆずり葉会 深井こども園 （大阪府堺市）

編集
株式会社こんぺいとぷらねっと

装丁・本文デザイン
SPAIS（熊谷昭典　宇江喜桜）　佐藤ひろみ

カバーイラスト
かまたいくよ

まんが
鳥居志帆

本文イラスト
中小路ムツヨ

幼稚園・保育所・認定こども園対応
ワークで学ぶ 子どもの「育ち」をとらえる 保育記録の書き方 0〜2歳児編

2021年2月10日　発行
2022年4月20日　初版第2刷発行

監修者　無藤　隆
編著者　大方美香
発行者　荘村明彦
発行所　中央法規出版株式会社
〒110-0016　東京都台東区台東3-29-1　中央法規ビル
Tel 03（6387）3196
https://www.chuohoki.co.jp/
印刷・製本　株式会社ルナテック

定価はカバーに表示してあります。
ISBN978-4-8058-8279-5

本書の内容に関する質問については、下記URLから「お問い合わせフォーム」
にご入力いただきますようお願いいたします。
https://www.chuohoki.co.jp/contact/